Lars Gellner
Walter Schellhas

Politik an Stationen

7/8

Übungsmaterial zu den Kernthemen des Lehrplans

Auer Verlag

Die Herausgeber:

Marco Bettner: Rektor als Ausbildungsleiter, Haupt- und Realschullehrer, Referent in der Lehrerfort- und Lehrerweiterbildung

Dr. Erik Dinges: Rektor einer Förderschule für Lernhilfe, Referent in der Lehrerfort- und Lehrerweiterbildung

Die Autoren:

Lars Gellner: Stufenleiter an einer Förderschule für Lernhilfe mit fachlichem Schwerpunkt Gesellschaftslehre, Prüfer beim Amt für Lehrerbildung (AfL) in Hessen, zahlreiche Veröffentlichungen

Walter Schellhas: Stufenleiter an einer Förderschule für Lernhilfe mit fachlichem Schwerpunkt Gesellschaftslehre, Leiter der „Lehrplangruppe Förderschulen" für die Bereiche Gesellschaftslehre und Sachunterricht beim Hessischen Kultusministerium

Gedruckt auf umweltbewusst gefertigtem, chlorfrei gebleichtem
und alterungsbeständigem Papier.

1. Auflage 2011
Nach den seit 2006 amtlich gültigen Regelungen der Rechtschreibung

Umschlagfotos: Fotolia
Illustrationen: Steffen Jähde
Satz: Fotosatz H. Buck, Kumhausen
Druck und Bindung: Zimmermann Druck + Verlag GmbH, Balve
ISBN 978-3-403-**06782**-5

www.auer-verlag.de

Inhaltsverzeichnis

Vorwort

Bei den vorliegenden Stationsarbeiten handelt es sich um eine Arbeitsform, bei der unterschiedliche Lernvoraussetzungen, unterschiedliche Zugänge und Betrachtungsweisen und unterschiedliche Lern- und Arbeitstempi der Schüler[1] Berücksichtigung finden. Die Grundidee ist, den Schülern einzelne Arbeitsstationen anzubieten, an denen sie gleichzeitig selbstständig arbeiten können. Die Reihenfolge des Bearbeitens der einzelnen Stationen ist dabei ebenso frei wählbar wie das Arbeitstempo und meist auch die Sozialform.

Innerhalb einer Stationsarbeit können Sie als Lehrkraft Stationen als Wahl- und als Pflichtaufträge deklarieren (siehe Laufzettel). Aufgrund der individuellen Lernvoraussetzungen haben wir bewusst auf eine Vorgabe verzichtet.

Als dominierende Unterrichtsprinzipien sind bei allen Stationen die Schülerorientierung und Handlungsorientierung aufzuführen.

Schülerorientierung meint, dass die Lehrkraft in den Hintergrund tritt und nicht mehr im Mittelpunkt der Interaktion steht. Diese wird zum Beobachter, Berater und Moderator. Aufgabe ist nicht das Strukturieren und Darbieten des Lerngegenstandes in kleinsten Schritten. Durch die vorbereiteten Stationen schafft die Lehrkraft eine Lernatmosphäre, in der Schüler sich Unterrichtsinhalte eigenständig erarbeiten bzw. Lerninhalte festigen und vertiefen können.

Handlungsorientierung meint, dass das angebotene Material und die Arbeitsaufträge für sich selbst sprechen. Der Unterrichtsgegenstand und die zu gewinnenden Erkenntnisse werden nicht durch die Lehrkraft dargeboten, sondern durch die Auseinandersetzung mit dem Material und die eigene Tätigkeit gewonnen und begriffen.

Mit dieser Veröffentlichung möchten wir – wie bereits erwähnt – Materialien zur Verfügung stellen, die den unterschiedlichen Lernvoraussetzungen der Schüler gerecht werden. Jede/jeder Einzelne erhält ihren/seinen eigenen Zugang zum inhaltlichen Lernstoff. Die einzelnen Stationen ermöglichen das Lernen mit allen Sinnen bzw. berücksichtigen die unterschiedlichen Lerneingangskanäle. Dabei werden sowohl visuelle (sehorientierte) als auch haptische (fühlorientierte) und auch intellektuelle Lerntypen angesprochen. An dieser Stelle werden auch gleichermaßen die Brunerschen Repräsentationsebenen (enaktiv bzw. handelnd, ikonisch bzw. visuell und symbolisch) mit einbezogen. Aus Ergebnissen der Wissenschaft ist bekannt: Je mehr Eingangskanäle angesprochen werden, umso besser und langfristiger wird Wissen gespeichert und dementsprechend fester verankert. Das vorliegende Arbeitsheft unterstützt in diesem Zusammenhang das Erinnerungsvermögen, das nicht nur an Einzelheiten und Begriffe geknüpft ist, sondern häufig auch an die Lernsituation.

Mithilfe der vorliegenden Arbeitsblätter erhalten die Schüler einen politischen, wirtschaftlichen, ökologischen, ferner einen geografischen und geschichtlichen Überblick, der sie befähigen soll, Verantwortung für sich und die Gemeinschaft zu übernehmen und das kulturelle Erbe im Interesse des Gemeinwohls zu gestalten und weiterzuentwickeln. Das Übungsmaterial zu den Kernthemen ist die Grundlage zur Formulierung persönlicher und politisch-gesellschaftlicher Problemstellungen.

Die Materialien sind in allen Schulformen einsetzbar. Sie berücksichtigen die in den Lehrplänen der Bundesländer formulierten zu vermittelnden Kompetenzen (Kenntnisse, Einsichten, Arbeitstechniken und Methoden).

[1] Wenn in diesem Buch von Schüler gesprochen wird, ist immer auch die Schülerin gemeint. Ebenso verhält es sich mit Lehrer und Lehrerin.

Materialaufstellung und Hinweise zu den einzelnen Stationen

Jugend und Recht

Die Seiten 8 bis 20 sind in entsprechender Anzahl zu vervielfältigen und den Schülerinnen und Schülern bereitzulegen. Als Möglichkeit zur Selbstkontrolle können Lösungsseiten erstellt werden.

S. 8	Station 1	**Recht und Unrecht:** Computer mit Internetzugang und evtl. Lexikon bereitstellen
S. 10	Station 2	**Meine Rechte – meine Pflichten:** Computer mit Internetzugang bereitstellen
S. 12	Station 3	**Wir leben in einem Rechtsstaat:** Computer mit Internetzugang und Lexikon bereitstellen
S. 14	Station 4	**Mit dem Gesetz im Konflikt:** Computer mit Internetzugang bereitstellen
S. 16	Station 5	**Als Jugendlicher vor Gericht:** evtl. Computer mit Internetzugang und Lexikon bereitstellen
S. 18	Station 6	**Ist hier alles nur verboten?:** Computer mit Internetzugang bereitstellen
S. 19	Station 7	**Mit Vollgas in die Arbeitswelt:** Computer mit Internetzugang bereitstellen
S. 20	Station 8	**Kaufen – nach Lust und Laune?:** evtl. Computer mit Internetzugang bereitstellen

Der Sucht keine Chance geben

Die Seiten 22 bis 36 sind in entsprechender Anzahl zu vervielfältigen und den Schülerinnen und Schülern bereitzulegen. Als Möglichkeit zur Selbstkontrolle können Lösungsseiten erstellt werden.

S. 22	Station 1	**Was geht mich Sucht an?:** Computer mit Internetzugang bereitstellen
S. 25	Station 2	**Alkohol – im Teufelskreis gefangen:** Computer mit Internetzugang bereitstellen
S. 26	Station 3	**Glimmstängel – Hauptsache cool:** evtl. Taschenrechner bereitstellen
S. 29	Station 4	**Zocken und chatten nonstop:** evtl. Computer mit Internetzugang bereitstellen
S. 31	Station 5	**Volkskrankheit Fettleibigkeit**
S. 33	Station 6	**Schlank sein um jeden Preis**
S. 34	Station 7	**Staatliche Sucht- und Drogenpolitik:** Computer mit Internetzugang bereitstellen
S. 36	Station 8	**Karikaturen zum Thema Sucht**

Gemeinsam leben und arbeiten

Die Seiten 37 bis 44 sind in entsprechender Anzahl zu vervielfältigen und den Schülerinnen und Schülern bereitzulegen. Als Möglichkeit zur Selbstkontrolle können Lösungsseiten erstellt werden.

S. 37	Station 1	**Vielfältige Lebensformen**
S. 38	Station 2	**Was bietet die Familie?**
S. 39	Station 3	**Staatliche Familienpolitik:** Computer mit Internetzugang bereitstellen
S. 40	Station 4	**Es geht um Vertrauen**
S. 41	Station 5	**Toleranz heißt nicht Gleichgültigkeit:** Computer mit Internetzugang und Lexikon bereitstellen
S. 42	Station 6	**Zivilcourage zeigen**
S. 43	Station 7	**Rote Karte gegen Rassismus**
S. 44	Station 8	**„Du Spasti, Opfer, Missgeburt ...“**

Wirtschaften, Haushalten, Umwelt schützen

Die Seiten 45 bis 56 sind in entsprechender Anzahl zu vervielfältigen und den Schülerinnen und Schülern bereitzulegen. Als Möglichkeit zur Selbstkontrolle können Lösungsseiten erstellt werden.

S. 45	Station 1	**Auskommen mit dem Einkommen:** evtl. Computer mit Internetzugang bereitstellen
S. 47	Station 2	**Thema „Bankgeschäfte":** Buntstifte, Computer mit Internetzugang bereitstellen
S. 49	Station 3	**Verkaufstricks widerstehen:** evtl. Computer mit Internetzugang bereitstellen
S. 51	Station 4	**Auf die Verpackung kommt es an:** evtl. Computer mit Internetzugang bereitstellen
S. 52	Station 5	**Was passiert mit unserem Müll?:** evtl. Computer mit Internetzugang bereitstellen
S. 53	Station 6	**Atomkraft – Pro und Kontra:** Buntstifte, evtl. Computer mit Internetzugang bereitstellen
S. 55	Station 7	**Erneuerbare Energiequellen:** Plakatkarton, Klebstoff, Buntstifte, Bildmaterial, Computer mit Internetzugang bereitstellen (siehe auch Arbeitsblatt)
S. 56	Station 8	**Energiesparen im Haushalt:** evtl. Computer mit Internetzugang bereitstellen

Das politische System der BRD

Die Seiten 57 bis 65 sind in entsprechender Anzahl zu vervielfältigen und den Schülerinnen und Schülern bereitzulegen. Als Möglichkeit zur Selbstkontrolle können Lösungsseiten erstellt werden.

S. 57	Station 1	**Politik – nicht mitmachen, gilt nicht!**
S. 58	Station 2	**Über 60 Jahre deutsche Verfassung:** Computer mit Internetzugang bereitstellen
S. 59	Station 3	**Der Bund und die Länder**
S. 60	Station 4	**Politische Parteien in Deutschland:** Computer mit Internetzugang bereitstellen
S. 61	Station 5	**Die Wahlgrundsätze in Deutschland:** Computer mit Internetzugang bereitstellen
S. 62	Station 6	**Bundestag und Bundesrat:** Computer mit Internetzugang bereitstellen
S. 63	Station 7	**Bundesregierung und Opposition:** Buntstifte, Computer mit Internetzugang bereitstellen
S. 65	Station 8	**Die Träger hoher Staatsämter:** evtl. Computer mit Internetzugang und Lexikon bereitstellen

Laufzettel

für ______________________________

Pflichtstationen

Stationsnummer	erledigt	kontrolliert
Nummer _____		
Nummer _____		
Nummer _____		
Nummer _____		
Nummer _____		
Nummer _____		
Nummer _____		

Wahlstationen

Stationsnummer	erledigt	kontrolliert
Nummer _____		
Nummer _____		
Nummer _____		
Nummer _____		
Nummer _____		

Station 1

Name: __________________

Recht und Unrecht

Aufgabe 1

Ergänze im Text die fehlenden Wörter aus dem Kasten.

> Grundgesetz – Zusammenleben – Gesetze – aufgeschrieben – unterscheidet – Rechtsordnung – bestrafen – Strafgesetze – gegen – Unrecht

Überall, wo Menschen zusammenleben, benötigen sie Regeln, die für alle Menschen in dieser Gemeinschaft gelten. Sie legen fest, was Recht und __________ ist. In jedem Land ist das, was Recht ist, durch __________ geregelt. Die Gesamtheit aller Regeln und Gesetze bezeichnet man als __________________. Grundlage der Rechtsordnung ist in Deutschland das __________________, d.h. kein anderes Gesetz darf __________ das Grundgesetz verstoßen. Man __________________ Zivilrecht und Öffentliches Recht. Das Zivilrecht regelt das __________________ der Bürger, es ist im Bürgerlichen Gesetzbuch (BGB) __________________. Das Bürgerliche Gesetzbuch regelt Mietsachen, Kauf und Verkauf von Waren, Streitigkeiten usw. Das Öffentliche Recht regelt die Fragen zwischen dem Staat und seinen Bürgern. Hierzu gehören die Straßenverkehrsordnung, Steuergesetze, ______________, Jugendgerichtsgesetze usw. Da diese Gesetze dem Wohl der Bürger dienen, kann der Staat die Einhaltung erzwingen und auch ________________.

> In erster Linie überwacht die Polizei die Einhaltung der Gesetze. Jedoch schützt sie auch die Bürger, klärt Straftaten und Verbrechen auf. Wer gegen das Gesetz verstößt, also Unrecht begeht, muss mit Bestrafung rechnen. Alle Straftaten sind im Strafgesetzbuch (StGB) beschrieben und die möglichen Strafen festgelegt.

Aufgabe 2

Recherchiere im Internet nach dem Strafgesetzbuch (z. B. www.gesetze-im-internet.de/bundesrecht/). Lies dir die §§ 242 ff. StGB durch. Welche Formen von Diebstahl werden dort unterschieden?

____

____

____

____

____

Name: ____________

Recht und Unrecht

§ 223 StGB Körperverletzung	§ 201 StGB Verletzung des persönlichen Lebensbereiches
§§ 303f. StGB Sachbeschädigung	§ 267 StGB Urkundenfälschung
§§ 242f. StGB Diebstahl	§ 263 StGB Betrug
§ 185 StGB Beleidigung	

Aufgabe 3

Trage in der Tabelle zu den Straftaten den entsprechenden Paragrafen und das Tatmerkmal ein. Benutze auch das Strafgesetzbuch im Internet.

Straftat	Tatmerkmal	StGB
M. besprüht eine Autogarage.		
J. beleidigt eine Lehrerin mit Schimpfwörtern und zeigt ihr den Mittelfinger.		
S. nimmt eine Schlägerei heimlich auf und stellt das Video ins Internet.		
F. gerät in Wut und stößt den Kopf eines Mitschülers gegen die Tischkante, sodass er stark blutet.		
K. nimmt von N. das Handy und gibt es nicht mehr zurück.		
W. probiert mehrere Jeans in der Umkleidekabine an. Dabei vertauscht sie die Preisschilder, um die teuerste Jeans billiger zu bekommen.		
J. war beim Arzt und wird 3 Tage vom Unterricht befreit. Sie verändert die Bescheinigung auf 5 Tage.		
K. hat einen Kinofilm als Raubkopie heruntergeladen. Er kopiert die DVD und verkauft sie an seine Schulfreunde.		

Station 2

Meine Rechte – meine Pflichten

Name: ____________________

Aufgabe 1

Fülle die Kästen mithilfe von Recherchen zu „Rechte und Pflichten von Kindern und Jugendlichen“ aus.

Rechte	Alter	Pflichten
____________________	Geburt	____________________
____________________	6	____________________
____________________	7	____________________
____________________	12	____________________
____________________	14	____________________
____________________	15	____________________
____________________	16	____________________
____________________	18	____________________

Meine Rechte – meine Pflichten

Name: ______________

Aufgabe 2

Begründe, welche Rechte und Pflichten dir besonders wichtig sind.

Aufgabe 3

Finde mithilfe der Aufgabe 1 und durch Internetrecherche heraus, ob bei folgenden Fallbeispielen gegen gesetzliche Bestimmungen verstoßen wird. Was ist erlaubt, was verboten? Begründe.

Fallbeispiel	Antwort mit Begründung
Julie, 12 Jahre, will gegen den Willen ihrer Eltern aus der Kirche austreten. Ist das möglich?	
Julian, 6 Jahre, bekommt von seiner Oma mit Wissen der Eltern 150 € geschenkt. Darf er das Geld ausgeben, wie er möchte?	
Jan, 17 Jahre, genießt in der Disco abends ein Bierchen. Darf er das?	
Steffi, 14 Jahre, möchte lieber arbeiten als in die Schule gehen. Ist das möglich?	
Chris, 16 Jahre, hat den Mopedführerschein. Von den geerbten 1500 € kauft er sich ein gebrauchtes Moped. Als die Eltern dies erfahren, wollen sie den Kauf rückgängig machen. Sind sie im Recht?	

Station 3

Wir leben in einem Rechtsstaat

Name: ____________________

Aufgabe 1

Im Buchstabengitter sind waagrecht und senkrecht neun Wörter zum Thema Rechtsstaat versteckt. Markiere sie.

K	A	K	P	G	E	R	E	C	H	T	I	G	K	E	I	T	K	H	B
E	O	I	L	U	H	J	R	A	R	U	L	T	H	S	W	L	A	K	I
N	P	L	K	T	T	K	F	L	E	G	I	S	L	A	T	I	V	E	D
W	O	L	F	W	P	I	H	I	C	I	K	I	F	Y	D	J	B	I	F
J	L	E	X	E	W	M	A	C	H	T	A	U	S	U	E	B	U	N	G
B	I	T	S	S	J	A	K	L	T	O	Z	P	D	D	M	T	I	K	B
F	T	H	W	C	Y	F	K	K	S	P	E	K	E	C	O	E	L	H	U
M	I	E	Q	N	C	R	I	M	S	J	I	W	J	B	K	B	J	E	H
A	K	A	L	E	X	E	K	U	T	I	V	E	M	M	R	C	G	F	D
N	L	T	U	M	S	I	E	Q	A	H	B	S	O	O	A	B	R	G	R
Z	I	H	H	O	D	H	M	T	A	T	S	W	P	L	T	S	E	B	E
G	R	U	N	D	G	E	S	E	T	Z	D	Q	J	T	I	X	Z	O	B
F	E	J	I	J	E	I	H	B	E	A	M	C	G	R	E	A	M	P	S
U	B	A	J	K	B	T	N	D	F	S	L	O	K	E	Z	M	V	Q	E

Aufgabe 2

Recherchiere im Internet oder in der Schulbibliothek folgende Begriffe. Schreibe die Bedeutung auf.

Grundgesetz	
Gesetz	
Verordnung	
Erlass	
Satzung	

Aufgabe 3

Begründe deine Meinung zu folgender Frage. Welche Rolle spielen Medien und Öffentlichkeit bei der Machtkontrolle des Staates?

____

____

____

Station 3

Name: ______________________

Wir leben in einem Rechtsstaat

Aufgabe 4

Betrachte aufmerksam die nachstehende Abbildung „Säulen der Demokratie“. Ordne die hier aufgeführten Begriffe in die Fudamente unten ein.

Bundeswehr – Verwaltung – Abgeordnete – Richter – Zoll – Amtsgericht – Landtag – Bundesrat – Ländergerichte – Bundesverfassungsgericht – Landesregierung – Polizei – Finanzbeamter – Bundesregierung

Demokratie

Demokratie ist eine Staatsform, die ein geregeltes und friedliches Zusammenleben der Bürger garantieren soll. Dieses Zusammenleben wird geregelt durch Rechtsverordnungen. Grundlage aller Rechtsverordnungen in Deutschland ist das Grundgesetz (GG), d. h. alle Gesetze müssen sich dem Grundgesetz verpflichten bzw. unterordnen (GG §§ 20.3).
Im Grundgesetz ist Gewaltenteilung vorgesehen. Gewaltenteilung bedeutet, dass sich drei voneinander unabhängige Staatsorgane gegenseitig kontrollieren.

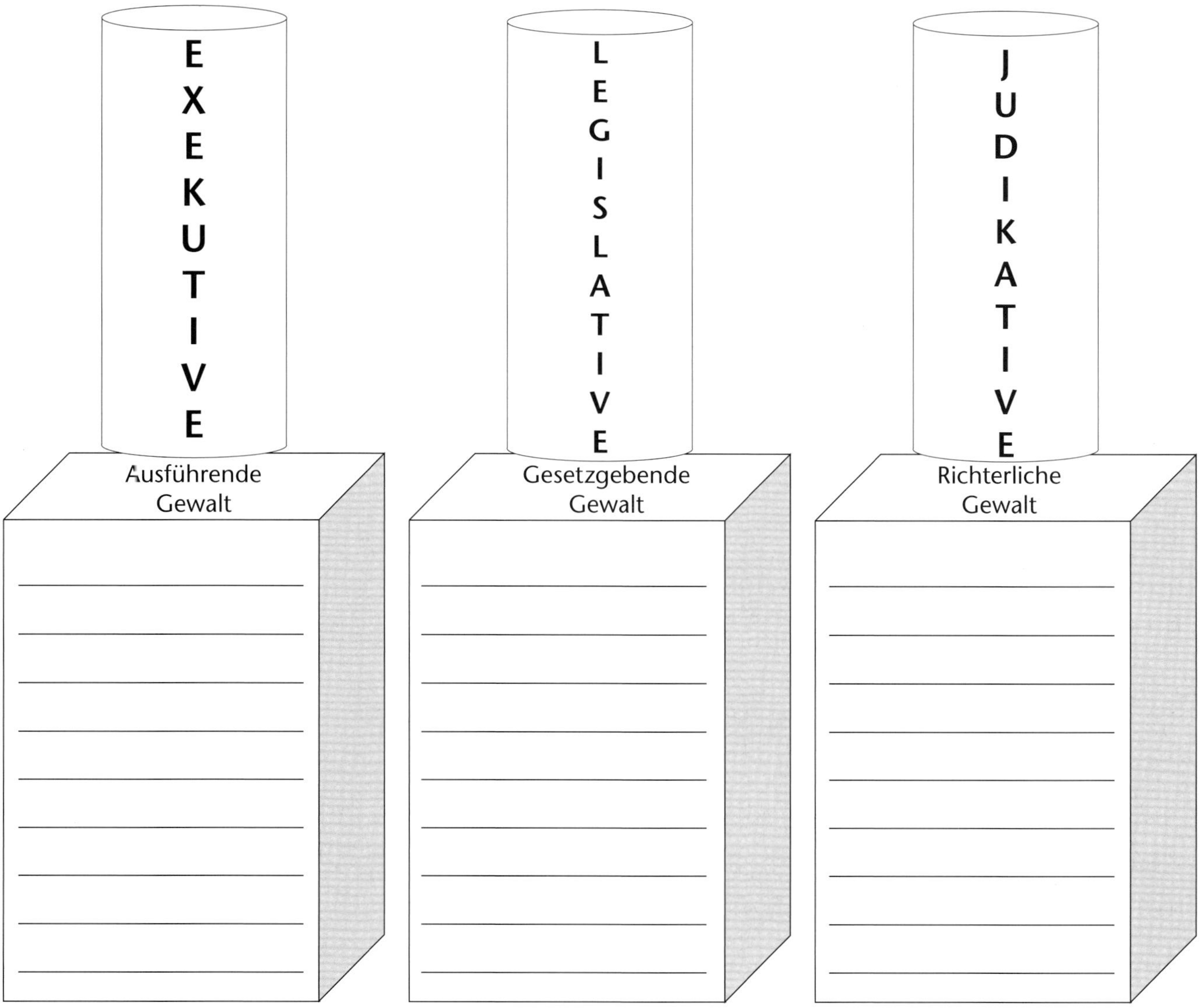

Station 4

Name: ____________

Mit dem Gesetz im Konflikt

Aufgabe 1

Wenn Kinder und Jugendliche eine unerlaubte Handlung (Delikt) tun, dann gilt für sie nicht das allgemeine Strafrecht (StGB), sondern das Jugendgerichtsgesetz (JGG).
Setze die Wörter richtig ein.

falsches – deliktunfähig – Schaden – strafmündig – polizeiliche – Jugendgericht – verantwortlich – Strafgesetzbuch

Kinder unter 7 Jahre sind ____________	Kinder zwischen 7 bis 14 Jahren sind deliktfähig.	Ab 14 Jahren ist der Jugendliche ____________	Zwischen dem 18. und 21. Lebensjahr entscheidet das ____________, ob der Täter voll strafmündig ist.
Kinder sind für einen angerichteten Schaden nicht ____________ und somit auch nicht haftbar.	Für ihr ____________ Handeln werden die Kinder vom Gesetz nicht bestraft. Ihre Straftaten kommen aber in eine ____________ Akte. Der Schaden muss bezahlt werden.	Die Straftaten des Jugendlichen werden nach dem Jugendgerichtsgesetz bestraft. Der ____________ muss bezahlt werden.	Der Täter wird also nach dem Jugendgerichtsgesetz oder nach dem ____________ behandelt.

Aufgabe 2

§ 5 des Jugendgerichtsgesetzes (JGG) unterscheidet drei verschiedene Maßnahmearten, die gegen jugendliche Straftäter verhängt werden können.
Recherchiere und zähle sie auf. Ordne den Arten von Strafmöglichkeiten einzelne Maßnahmen zu. Trage in folgende Tabelle ein.

____________	____________	____________
____________	____________	____________
____________	____________	____________
____________	____________	____________
____________	____________	____________
____________	____________	____________

Station 4

Mit dem Gesetz im Konflikt

Name: ______________

Maik (14 Jahre) und Benny (13 Jahre) entwenden gemeinsam ein Auto. Der Besitzer hatte vergessen, den Zündschlüssel abzuziehen. Auf ihrer kurzen Fahrt rammen sie ein Verkehrsschild und werden dann von der Polizei gefasst.

Aufgabe 3

Wie werden die beiden Täter behandelt? Begründe deine Meinung.

Maik, 14 Jahre

____

____

____

Benny, 13 Jahre

____

____

____

Maik und Benny (Gemeinsamkeiten)

____

____

____

Aufgabe 4

Welche Straftaten von Jugendlichen kennst du? Beschreibe die Tat und ihre Straffolgen.

____

____

____

____

____

Station 5

Name: ______

Als Jugendlicher vor Gericht

Aufgabe 1

Ergänze im Text die fehlenden Wörter aus dem Kasten.

Protokollführer – Wahrheit – Schöffen – Falschaussage – gleichen – Anklageschrift – geleitet – Freispruch – Volkes – Jugendstrafen – Informationen

Eine Gerichtsverhandlung läuft immer nach dem ____________ Schema ab. Die Verhandlung wird vom Richter ____________, der anfangs feststellt, ob alle geladenen Personen anwesend sind. Weiter befragt er den Angeklagten zur Person. Der Staatsanwalt verliest die ________________. Der Angeklagte kann zu den Anschuldigungen Stellung nehmen. Der Richter befragt jetzt den Angeklagten und die Zeugen. Vor dieser Vernehmung werden die Zeugen durch den Richter belehrt, die ______________ zu sagen. Wer eine falsche Aussage macht, kann wegen ____________________ (Meineid) bestraft werden (StGB § 153). Bei vielen Gerichtsverhandlungen erstellen Sachverständige Gutachten über den Angeklagten und technische Fragen (Gerichtsmedizin, Unfallhergang). Bei ____________________ berät die Jugendgerichtshilfe das Gericht und gibt weitere ________________ zum jugendlichen Angeklagten. Wenn alle Aussagen, Beweise und Tatsachen verhandelt worden sind (Beweisaufnahme), tragen der Reihe nach der Staatsanwalt und dann der Verteidiger ihre Stellungnahmen und Schlussvorträge vor. Staatsanwalt und Verteidiger schlagen auch ein Strafmaß, ________________ oder Verurteilung vor. Auch der Angeklagte hat jetzt noch mal die Möglichkeit, ein Schlusswort zu äußern. Nun ziehen sich das Gericht und evtl. auch zwei Schöffen zur Beratung zurück. Die ______________ beraten den Richter bei der Urteilsfindung und der Höhe des Strafmaßes. Zum Schluss spricht der Richter das Urteil im Namen des ____________. Der Verlauf der Gerichtsverhandlung wird vom ________________________ schriftlich festgehalten.

Name: ____________

Als Jugendlicher vor Gericht

Aufgabe 2

Welche Aufgaben haben die einzelnen Personen bei einer Gerichtsverhandlung? Trage in folgende Tabelle ein.

Richter	
Schöffe	
Staatsanwalt	
Verteidiger	
Zeugen	
Sachverständiger	
Jugendgerichtshilfe	
Reporter	
Protokollführer	
Zuhörer	

Aufgabe 3

Schildere mithilfe des o. a. Textes den Ablauf einer Gerichtsverhandlung. Trage die Informationen in das Schema ein.

Richter	
Staatsanwalt	
Angeklagter	
Richter/Zeugen	
Staatsanwalt	
Verteidiger	
Angeklagter	
Gericht	
Richter	
§§	

Station 6

Name: ______

Ist hier alles nur verboten?

Das Jugendschutzgesetz (JuSchG) dient dem Schutz der Jugend in der Öffentlichkeit. Es regelt den Verkauf, die Abgabe und den Konsum von Tabak und Alkohol, den Verkauf und Verleih von Filmen und Video-/PC-Spielen sowie den Aufenthalt in Gaststätten und Tanzlokalen.

Aufgabe

Überprüfe mithilfe des Jugendschutzgesetzes (§ 4, § 5, § 9, § 10, § 11, § 12) folgende Fallbeispiele. Fülle die Tabelle aus.

Fallbeispiel	Verstoß gegen das JuSchG ja / nein	Begründung Paragraf / Absatz
Ein Kinderheim veranstaltet für ihre 15, 16 und 17 Jahre alten Jugendlichen einen Kegelabend in einer Gaststätte. Gegen 1:00 Uhr findet der letzte Durchgang statt.		
Der 14-jährige Nicki und seine Eltern nehmen in einem Restaurant gegen 20:00 Uhr eine Mahlzeit zu sich. Nicki trinkt zum Essen ein Bier.		
Julia, 17 Jahre, besucht in Begleitung ihrer drei Jahre älteren Freundin eine Diskothek. Um 2:00 Uhr vereinbaren die beiden jungen Frauen, noch eine Stunde zu bleiben.		
Der 16-jährige Tim wird von seinem Vater gebeten, für den Geburtstag der Tante Weinbrandpralinen zu besorgen. Beim Discounter kauft Tim drei Schachteln.		
Diana, 14 Jahre, raucht regelmäßig mit ihrer Mutter zu Hause in der Küche.		
Ein Gastwirt stellt frei zugängliche Zigarettenautomaten auf.		
Die 10-jährige Diana besucht eine Kinovorstellung mit ihrem Vater. Der Film ist freigegeben für Kinder und Jugendliche ab 12 Jahren.		
Armin, 15 Jahre, schaut sich in Begleitung seiner Eltern in einer Videothek um. Dort werden Filme und Spiele mit dem Etikett „Keine Jugendfreigabe" angeboten.		

Station 7

Name: ____________________

Mit Vollgas in die Arbeitswelt?

Dem Schutz jugendlicher Beschäftigter wird im Rahmen des Gesundheitsschutzes am Arbeitsplatz ein hoher Stellenwert eingeräumt. Jugendliche müssen vor Überbeanspruchung und vor den Gefahren am Arbeitsplatz in besonderem Maße geschützt werden. Diesem Ziel dient das Jugendarbeitsschutzgesetz (JASchG).

Aufgabe

Analysiere die beiden folgenden Fallbeispiele mithilfe des Jugendarbeitsschutzgesetzes (§ 8, § 11, § 14, § 15, § 16, § 22). Bearbeite die jeweiligen Arbeitsaufträge.

Fall 1:

Lars, 16 Jahre, möchte ein dreiwöchiges Betriebspraktikum in einem Altenheim machen.
Der Pflegedienstleiter hat für ihn folgende Zeitplanung erstellt.

1. Woche: Montag bis Freitag, 07:00 Uhr bis 15:45 Uhr,
Pause von 12:00 Uhr bis 12:45 Uhr
2. Woche: Montag bis Samstag, 07:00 Uhr bis 16:00 Uhr
Pause von 9:00 Uhr bis 09:10 Uhr und 12:00 Uhr bis 13:00 Uhr
3. Woche: Montag bis Donnerstag, 22:00 Uhr bis 06:00 Uhr
Pause von 01:00 Uhr bis 01:30 Uhr und 04:00 Uhr bis 04:30 Uhr

1) Lars darf sein Praktikum unter diesen Bedingungen auf keinen Fall antreten.
Gegen welche Paragrafen verstößt die Planung des Pflegedienstleiters?
Notiere.
2) Erstelle unter Berücksichtigung der geltenden gesetzlichen Regelungen einen neuen Dienstplan für Lars. Verändere dementsprechend die Arbeits- und Pausenzeiten.

Fall 2:

Klassenlehrerin Frau Rehm besucht ihre Schüler während des Betriebspraktikums regelmäßig.
Es folgen zwei Berichte.

Tina, 15: „Das Praktikum im Lager ist sehr anstrengend. Ständig muss ich die schweren Kisten schleppen. Die Rückenschmerzen muss ich aushalten, weil der Betrieb mit meiner Arbeitsleistung sehr zufrieden ist und mir einen Ausbildungsplatz in Aussicht gestellt hat."

Paul, 16: „Ich habe einen coolen Job. Wir sind jeden Tag auf Montage. Letzte Woche haben wir Reparaturarbeiten in einem Erotik-Shop gemacht. Gestern waren wir mehrere Stunden in einer Videothek. Während der Pause habe ich mir Hüllen von vielen Filmen für Erwachsene angeschaut."

1) Welcher Paragraf des JASchG ist in beiden Fallbeispielen betroffen?
2) Die Klassenlehrerin ist sichtlich schockiert. Suche nach Gründen. Notiere.

Station 8

Kaufen – nach Lust und Laune?

Name: ____________

Das Bürgerliche Gesetzbuch (BGB) regelt die Rechte und Pflichten der Bürgerinnen und Bürger untereinander. Es ist in fünf Teile gegliedert. Grundsätzliche Regelungen werden im Allgemeinen Teil behandelt. Es wird u. a. die Frage geklärt, wann jemand geschäftsfähig ist, oder auch, was bei einem Vertragsabschluss beachtet werden muss.

BGB [...] § 104 Geschäftsunfähigkeit

Geschäftsunfähig ist:
1. wer nicht das siebente Lebensjahr vollendet hat, [...]

[...] **§ 106 Beschränkte Geschäftsfähigkeit Minderjähriger**

Ein Minderjähriger, der das siebente Lebensjahr vollendet hat, ist nach Maßgabe der §§ 107 bis 113 in der Geschäftsfähigkeit beschränkt.

[...] **§ 110 Bewirken der Leistung mit eigenen Mitteln**

Ein von dem Minderjährigen ohne Zustimmung des gesetzlichen Vertreters geschlossener Vertrag gilt als von Anfang an wirksam, wenn der Minderjährige die vertragsmäßige Leistung mit Mitteln bewirkt, die ihm zu diesem Zweck oder zu freier Verfügung von dem Vertreter oder mit dessen Zustimmung von einem Dritten überlassen worden sind.
[...]

Aufgabe 1

Prüfe anhand der gesetzlichen Bestimmungen folgende Aussagen bzw. Situationen und kreuze an. Die Buchstaben ergeben – in die richtige Reihenfolge gebracht – das Lösungswort.

Aussage / Situation	richtig	falsch
Kinder vor dem siebenten Lebensjahr dürfen keine Geschäfte tätigen.	N	E
Minderjährige ab 7 bis 17 Jahren sind beschränkt geschäftsfähig.	K	B
Der sechsjährige Tim entnimmt aus dem Geldbeutel seiner Mutter 6 €. Im Supermarkt kauft er sich Sammelbilder. Seine Eltern haben keine Möglichkeit, die Bilder zurückzugeben und das Geld zurückzufordern.	P	F
Endlich 16 Jahre alt, ab jetzt voll geschäftsfähig!	T	U
Jugendliche können über ihr Taschengeld und kleinere Geldgeschenke frei verfügen.	E	S
Eltern können alle Geldgeschäfte, die ihre minderjährigen Kinder eigenverantwortlich getätigt haben, rückgängig machen.	I	A

Lösung: ___ ___ ___ ___ ___ ___

Kaufen – nach Lust und Laune?

Name: ____________________

Aufgabe 2

Der Paragraf 110 BGB ist der sogenannte **Taschengeldparagraf**.
Ergänze im folgenden Text die fehlenden Wörter aus dem Kasten.

Pflichten – Minderjährigen – Verfügung – Zustimmung – Möglichkeiten – Vertrag – Geschäftsfähigkeit – Umgang

Verträge, die von ______________________, d. h. im Alter von 7 bis 17 Jahren, abgeschlossen werden, sind gemäß § 110 BGB nur wirksam, wenn der Einkauf bzw. Vertragsabschluss mit ihnen zur Verfügung gestellten Mitteln getätigt wird. Hinzu kommt auch, dass die ______________________ in einem vernünftigen Rahmen ablaufen muss. Minderjährige dürfen lediglich (Kauf-)Verträge ohne ____________________ der Erziehungsberechtigten abschließen, wenn sie daraus einen Vorteil beziehen. Vertragsabschlüsse, aus denen ______________ hervorgehen (Kaufen ⇨ Bezahlen, Kredit ⇨ Tilgung durch Raten, Leihe ⇨ Rückgabe), sind unwirksam.

Erhalten Minderjährige Geld zu ihrer freien ______________ (Taschengeld), so erklären Erziehungsberechtigte ihr grundsätzliches Einverständnis, dass das Geld auch ausgegeben werden darf. Da Kinder und Jugendliche zum ____________ mit Geld und zur Selbstständigkeit angeleitet werden sollen, ist demnach nicht für jeden ____________ des Kindes bzw. Jugendlichen eine Zustimmung erforderlich. Erziehungsberechtigte haben jedoch immer noch die Option, ein Geschäft rückgängig zu machen, wenn dieses die finanziellen ______________________ ihres Kindes übersteigt oder z. B. mit Gefahren (Luftgewehr u. Ä.) verbunden ist.

Aufgabe 3

Setze dich mit den folgenden Fallbeispielen unter Berücksichtigung des § 110 BGB kritisch auseinander. Beurteile das Verhalten der einzelnen Personen.

Fall 1:
Jan, 15 Jahre, hat sein Taschengeld für ein LCD-TV gespart. Zusätzlich hebt er 400 € von seinem Sparbuch ab. Der Verkäufer wünscht ihm viel Spaß mit dem Gerät. Stolz geht Jan nach Hause. Seine Eltern verlangen, dass er den Fernseher zurückbringt.

Fall 2:
Nele, 13 Jahre, ist glücklich. Die neue CD ihrer Lieblingsband ist um 5 € reduziert worden, kostet jetzt 16,99 €. Das gesparte Taschengeld reicht aus. An der Kasse die große Enttäuschung – aufgrund ihres Alters kommt kein Kaufvertrag zustande.

Station 1

Name:

Was geht mich Sucht an?

„Was geht mich Sucht an? Ich habe kein Problem damit.“ So erwidern viele Menschen, wenn sie auf Sucht und Drogen angesprochen werden. In unserer Gesellschaft sind viele alltägliche Dinge und legale (Sucht-)Mittel weitverbreitet und dürfen konsumiert werden, obwohl Menschen danach süchtig werden.
Die eigene Gefährdung wird von den meisten Menschen nicht erkannt oder mit Witzen überspielt. Aber erst wenn man sich ein bestimmtes (süchtiges) Verhalten bewusst macht, kann man es auch verändern.

Aufgabe 1

Kreuze an, wie häufig du die unten aufgeführten Dinge gemacht oder zu dir genommen hast.

	nie / selten	**1–2 x pro Woche**	**4–6 x pro Woche**	**jeden Tag**
Telefonieren / Handy / SMS				
Süßigkeiten / Chips / Schokolade				
Medikamente / Tabletten				
Alkohol / Schnaps / Bier / Alkopops				
Energy Drinks				
Cola / Kaffee / Schwarzen Tee				
Zigaretten				
Buch / Zeitung lesen				
PC-Spiele / PS / Xbox / Nintendo				
Diätprodukte				
Sport treiben				
Online-Spiele (Rollenspiele, Poker)				
Obst / Gemüse				
Drogen / Haschisch				
Fernsehen / DVD				
Musik hören				
Chatten / im Internet surfen				

Aufgabe 2

Wertet eure Profile gemeinsam aus. Tragt die Einzelergebnisse eurer Klasse in einen leeren Fragebogen ein. Jede Antwort bekommt einen Strich an der entsprechenden Stelle im Fragebogen. Die Striche werden addiert und als Ergebnis in die Liste als Zahl eingetragen.
Seht euch das Klassenprofil eurer Klasse zusammen an und besprecht es; präsentiert die Ergebnisse als Wandzeitung.

Achtet auf folgende Fragen:

1. Was wurde von den meisten Schülern konsumiert?
2. Was wurde von den wenigsten Schülern konsumiert?
3. Aus welchen Gründen werden diese Dinge/Mittel konsumiert?
4. Sind Dinge dabei, die ihr einfach nur aus Gewohnheit macht?
5. Welche Dinge sind für euch mit Genuss verbunden?
6. Habt ihr mit diesem Ergebnis eures Klassenprofils gerechnet?

Name: ______________________

Was geht mich Sucht an?

Aufgabe 3

Ergänze im Text die fehlenden Wörter aus dem Kasten.

regelmäßig – körperliche – Dosis – brichst – wiederkehrenden – Angewohnheiten – kontrollieren – Zigarette – ungesund – unbezwingbares – Abhängigkeiten

Was ist Sucht?

Sucht ist eine krankhafte und zwanghafte Abhänigkeit von Stoffen, Dingen und Verhaltensweisen. Man kann das, was man konsumiert, nicht mehr ______________. Süchtige können nicht mehr aufhören, ______________ legale Drogen (Alkohol, Nikotin, Medikamente) und illegale Drogen (Cannabis, Heroin, Kokain, Ecstasy usw.) zu sich zu nehmen, obwohl sie wissen, dass es ______________ ist und ihnen schadet. Diese stoffgebundenen Süchte führen bis zu körperlichen ______________.

Stoffungebundene Süchte (Spiel-, Kauf-, Ess- und Brechsucht oder langes Fernsehen, Chatten und Computerspielen) haben den zwanghaften Drang zu immer ______________ Verhaltensweisen.

Suchtkranke haben ein fast ______________ Verlangen nach der Einnahme der Droge oder Wiederholung der Verhaltensweise. Mit zunehmender Zeit wird die ______________ /Wiederholung erhöht und es entwickelt sich eine seelische und oft auch ______________ Abhängigkeit.

Gerade Dinge, die man täglich macht oder isst, sind auf Gewohnheiten zurückzuführen. Nicht immer kann man beurteilen, ob das gute oder schlechte ______________ sind. Aus einem abendlichen Gläschen Wein, einem Spiel nach der Schule oder zwischendurch mal einer ______________ kann schnell eine Sucht entstehen – oft ganz unbemerkt. Erst wenn du mit dieser alten Gewohnheit ______________, bekämpfst du die Sucht.

Name: ____________

Was geht mich Sucht an?

Aufgabe 4

Wähle aus den o. a. Verhaltensweisen und Gewohnheiten (Aufgabe 1) eine Sache aus, auf die du für einen bestimmten Zeitraum verzichtest. Lege fest, wie lange das Experiment dauern soll. Mit deiner Unterschrift unter dem Vertrag beginnt das Experiment.

Vertrag

Ich ______________________________ (Name)

verpflichte mich ________ Stunden / ________Tage in der Zeit

vom ___________ (Datum), ___________ (Uhrzeit) bis

zum ___________ (Datum), ___________ (Uhrzeit) auf

______________________________ zu verzichten.

Datum und Unterschrift ______________________________

Berichte vor der Klasse nach dem vereinbarten Zeitrahmen. Beachte dabei folgende Fragen:

1. Wie ist es dir mit dem Verzicht ergangen?
2. Warum hast du abgebrochen oder durchgehalten?
3. Ab wann hast du den Verzicht besonders stark gemerkt?
4. Was hast du statt des „Gewohnten" gemacht?
5. Hast du Dinge/Verhaltensweisen ausgewählt, auf die du leicht oder schwer verzichten konntest?
6. Welche Konsequenzen ziehst du persönlich aus diesem Experiment – veränderst du dein Verhalten?

Aufgabe 5

Wenn du mehr wissen willst:

- Teste dein Wissen!
  www.drugcom.de
  www.drogen-und-du.de
- Wie zufrieden bist du mit dir und deinem Leben?
  www.drogen-und-du.de (checkroom/personality check)

Station 2

Alkohol – im Teufelskreis gefangen

Name: ____________________

Aufgabe

Nimm den Songtext „Alles in den Wind“ von Marius Müller-Westernhagen (z. B. unter www.lyrics.de) zur Hand und bearbeite folgende Aufgabenstellungen.

a) Fasse den Text mit eigenen Worten zusammen.

____

____

b) Erkläre den Begriff „Flachmann“.

____

c) Schreibe die Textstellen heraus, die Hinweise darauf geben, dass bei alkoholkranken Menschen das Selbstbewusstsein sinkt, sich Schuld- und Schamgefühle sowie Ängste entwickeln können.

____

____

d) Welche körperlichen Auswirkungen des Alkoholmissbrauchs erwähnt Westernhagen?

____

____

e) Erläutere die These, dass eine Alkoholabhängigkeit auch zu enormen sozialen und familiären Belastungen führe. Suche Belege im Text.

____

____

f) Westernhagen verwendet in seinem Liedtext sprachliche Bilder. Erläutere diese.
„Schnaps macht mich zum starken Mann“/„Alles in den Wind“

____

____

g) Welche Hilfen gibt es für alkoholkranke Menschen? Fertige ein Kurzreferat an.

____

Glimmstängel – Hauptsache cool

Name: ______________________

Jan, 15 Jahre
„Mein Vater und meine Mutter rauchen. Das ist bestimmt ein Nachteil. Immer habe ich überlegt, was ist da Besonderes? Warum rauchen die? Da muss doch was dran sein. Am Anfang hat es mir überhaupt nicht geschmeckt – man muss wohl mehr rauchen."
Nico, 16 Jahre
„Möchte ja schon aufhören. Aber nach ein paar Tagen Nichtrauchen, kriege ich wieder Lust, wenn ich die anderen rauchen sehe. In der Pause rauchen viele meiner Freunde – zwar unerlaubt und heimlich. Wenn es nicht läuft in der Schule und ich habe eine schlechte Note bekommen, dann rauche ich wieder mit. Hinterher ärgere ich mich wieder."
Julie, 14 Jahre
In unserer Clique raucht keiner. Da ist kein Gruppenzwang. Vorteile des Rauchens kenne ich keine und so hab ich es auch nicht probiert."

Aufgabe 1

Julie, Jan und Nico sind kaum älter als ihr. Sie haben etwas gemeinsam. Alle drei standen vor der Frage, ob sie rauchen oder es sein lassen sollen.

a) Lies die Aussagen durch und trage die Gründe zu rauchen oder nicht zu rauchen in die Liste ein.
b) Suche und benenne weitere Gründe, die dazu führen, zur Zigarette zu greifen oder Nichtraucher zu bleiben.

Gründe, warum Jugendliche rauchen	Gründe, nicht zu rauchen

Aufgabe 2

Hier sind Folgen des Rauchens aufgeführt. Ordne ihnen den richtigen Buchstaben zu.
D = Direkte Folgen des Rauchens
S = Spätfolgen des Rauchens

☐	Herzinfakt	☐	Schlaganfall
☐	Nierenkrebs	☐	Mundkrebs
☐	Verminderter Geruchssinn	☐	Verminderter Geschmackssinn
☐	Lungenkrebs	☐	Kehlkopfkrebs
☐	Weniger Geld	☐	Gelbe Zähne
☐	Schlechter Atem	☐	Abhängigkeit
☐	Falten	☐	Blasenkrebs
☐	Hustenanfälle	☐	Durchblutungsstörungen

Glimmstängel – Hauptsache cool

Name: ____________________

Aufgabe 3

Raucher haben immer Gründe, warum sie nicht mit dem Rauchen aufhören wollen und können. Hier sind die Argumente etwas durcheinandergeraten.
Verbinde die „Scheinargumente" mit den richtigen „Gegenargumenten".

	Scheinargumente		Gegenargumente
1.	„Ich habe kein Risiko – ich rauche nur 1 bis 5 Zigaretten täglich."	A	„Ja, jeder stirbt irgendwann. Doch man kann einige Jahre gewinnen, wenn man auf seine Gesundheit achtet. Ein Raucher verliert im Durchschnitt 10 Jahre seines Lebens im Vergleich zu einem Nichtraucher."
2.	„Mein Großvater ist uralt geworden und hat immer geraucht."	B	„Mit dem ersparten Geld als Nichtraucher kannst du dir viele Sachen leisten. Rechne es mal für ein Jahr aus."
3.	„Jeder muss mal sterben."	C	„Gemütlichkeit und Entspannung kannst du auch durch Musikhören oder Tee-/Saft-trinken finden."
4.	„Das bisschen Tabakrauchen macht nichts, bei der heutigen Luftverschmutzung ist meine Lunge eh schon stark belastet."	D	„Nichtraucher zu werden, lohnt sich immer. Wenn man mit 60 Jahren aufhört (bzw. 50, 40, 30) steigt die Lebenserwartung um 3 (bzw. 6, 9, 10) Jahre."
5.	„Das bringt mir nichts mehr, mit dem Rauchen aufzuhören. Ich rauche schon immer."	E	„Risiko besteht immer. Auch ein Wenigraucher verdreifacht sein Risiko für eine Herzerkrankung oder Lungenkrebs."
6.	„Ich gönne mir ja sonst nichts. Da will ich mir wenigstens mal eine Zigarette leisten."	F	„Zigarettenrauchen ist 3 000 mal schädlicher als die stickige Luft von Paris. Es ist auch weniger gefährlich, Autoabgase einzuatmen, als zu rauchen.
7.	„Beim Rauchen kann ich mich so gut entspannen und Rauchen gehört für mich zur Gemütlichkeit."	G	„Ausnahmen bestätigen die Regel. Aber, gehörst du zu den Ausnahmen?"

Name: ___

Glimmstängel – Hauptsache cool

Aufgabe 4

Betrachte die Tabelle zur Raucherquote bei Kindern und Jugendlichen sowie jungen Erwachsenen. Interpretiere besonders die Altersgruppe der 12- bis 17-Jährigen.

	12- bis 17-jährige			18- bis 25-jährige		
	Jungen	Mädchen	Insgesamt	Männer	Frauen	Insgesamt
1993*	21 %	20 %	20 %	51 %	44 %	47 %
1997*	27 %	29 %	28 %	54 %	47 %	51 %
2001*	27 %	28 %	28 %	46 %	42 %	45 %
2003**	22 %	23 %	23 %			
2004*	24 %	23 %	23 %	45 %	44 %	44 %
2005**	21 %	19 %	20 %			
2007**	18 %	17 %	18 %			
2008*	15 %	16 %	15 %	42 %	44 %	43 %

Quellen:
(*) BZgA Repräsentativerhebungen zur Drogenaffinität Jugendlicher 1993-2008
(**) BZgA Repräsentativerhebungen „rauchfrei-Studie" 2003, 2005 und 2007

___

___

___

Aufgabe 5

Bearbeite folgende Fragestellungen.
Grundlage: 1 Packung Zigaretten (20 Stück) kostet 4,50 €

a) Wieviel spart ein Nichtraucher wöchentlich im Vergleich zu einem Raucher, der etwa 5 Zigaretten pro Tag raucht?

___

b) Wie lange muss ein Raucher, der 10 Zigaretten pro Tag raucht, rauchfrei bleiben, um sich ein Handy (220 €) zu ersparen?

___

c) Er raucht 30 Zigaretten am Tag, sie die Hälfte. Wie viel Geld spart das Paar in einem Jahr (365 Tage), wenn beide gleichzeitig Nichtraucher würden?

___

Name: ______________

Zocken und chatten nonstop

Tagesablauf eines Jugendlichen, Markus, 15 Jahre
„Morgens gehe ich als Erstes an meinen PC, der war wie immer die ganze Nacht an. Ich schaue nach, wie weit meine Downloads sind, checke die E-Mails und begrüße kurz die Leute in meinem Chat. Dann Schulsachen packen, frühstücken und ab in die Schule. Schule ist meistens langweilig, schön sind die Computerstunden. Nach der Schule sehe ich zu Hause nach meinen Downloads und E-Mails und chatte mit meinen Freunden vom Clan. Die fertige Pizza nehme ich mit zu meinem PC, chatte weiter und schau noch nebenbei ein paar Filme. Dann muss eine Runde gezockt werden. Ich muss ja für meinen Counter-Strike-Clan trainieren, damit ich beim nächsten „Clan-War" einen guten „Score" habe.
Um 18.00 Uhr kommen meine Eltern. Da muss ich vom Computer weg, um mit ihnen zusammen Abend zu essen. Da legen sie Wert drauf. Nach der Diskussion über Schule, Aufgaben und zu viel Computer verziehe ich mich wieder in mein Zimmer vor meinen PC. Jetzt wird noch mal gespielt, manchmal abends noch einen „Clan-War". So ab 22.00 Uhr noch ein bisschen chatten und einen guten Film, um mich nach dem langen und nervenaufreibenden Spiel zu entspannen. So um 1.00 Uhr komm ich dann endlich ins Bett, wobei mir das Brummen vom PC-Lüfter ziemlich auf die Nerven geht.
Morgens dann fällt mir ein – nichts für die Schule gemacht. Aber auf der Busfahrt zur Schule denke ich wieder über eine neue Taktik für einige Spiele nach, die werde ich gleich nach der Schule ausprobieren."

Aufgabe 1

Erstelle einen tabellarischen Tagesablauf des Jugendlichen und vergleiche ihn mit deinem. Beantworte folgende Fragestellungen.

a) Wie wichtig ist für Markus der Computer?
b) Wie viel Zeit verbringt Markus mit seiner Familie, Freunden und Schul- und Hausarbeiten?
c) Wie fühlt sich Markus, wenn er vor dem PC sitzt/wenn er nicht vor dem PC sitzt?
d) Wie bedenklich ist der Computergebrauch von Markus? Begründe.
e) Markus und seine Eltern brauchen offensichtlich Hilfe. Was sollten sie deiner Meinung nach tun? An wen können sie sich wenden?

Aufgabe 2

Das Klick-Team (www.klicksafe.de) gibt Tipps, damit dir das Chatten richtig Spaß macht. Jedoch sind die Tipps und die Beispiele durcheinandergeraten. Verbinde beide richtig miteinander.

1. Chatte am Anfang nicht allein!	A	„Ich hatte mich mit einem Mädchen verabredet, es kam aber ein junger Mann. Zum Glück war meine Mutter dabei. Das war ein großer Fehler."
2. Suche dir einen Chat, in dem jemand aufpasst.	B	Oft werden auch unangenehme Sachen geschrieben, wie blöde Kuh oder Nutte. Da geh lieber weg – lass dich nicht anmachen.
3. Triff dich nicht mit Leuten aus dem Chat.	C	Die Aufpasser (Moderatoren) achten darauf, dass alle freundlich sind. Sie helfen, wenn du nicht zurechtkommst.

Name: ____________

Zocken und chatten nonstop

4. Gehe nicht in Chats für Erwachsene.	D	Verhalte dich freundlich, wie im realen Leben auch. Glaube nicht alles, was jemand im Chat über sich erzählt.
5. Sei freundlich, aber auch misstrauisch!	E	Frage deine Eltern oder Geschwister, ob sie dir helfen.
6. Verrate nie Adresse, Telefonnummer und Nachname.	F	Der Nickname (Spitzname) sollte reine Fantasie (aus Buch, Film) sein. Dein richtiger Name ist dein Geheimnis.
7. Denke dir einen pfiffigen Spitznamen aus.	G	„Ich hab jemanden gesagt, wie ich heiße und wo ich wohne. Dann hatte ich ziemliche Angst, dass er vor der Tür steht."

Aufgabe 3

Ergänze im Text die fehlenden Wörter aus dem Kasten.

Gemeinschaft – Spielstrategien – Konzentrieren – unruhig – Verlangen – Respekt – schwänzt – Computer – rutschen

Computersüchtig

Du kannst nicht aufhören, obwohl du das möchtest. Das ____________ ist einfach zu groß.

Du brauchst den PC, um gut drauf zu sein. In der virtuellen Welt der Spiele bist du Teil einer ____________, stark und viele haben ____________ vor dir. In der Realität hast du diese Gefühle nicht.

Du denkst nur an den ____________, auch wenn du nicht vor dem PC sitzt. Sogar im Unterricht denkst du über ____________ nach.

Ohne Computer bist du ____________ und gereizt; auch flippst du schnell aus.

Im Unterricht fällt dir das ____________ immer schwerer. Deine Noten ____________ immer mehr ab.

Manchmal ____________ du sogar die Schule, nur um länger vor dem PC sitzen zu können.

Name:

Volkskrankheit Fettleibigkeit

Volkskrankheit Fettleibigkeit

Die OECD befürchtet, dass Fettleibigkeit zu einer Epidemie und zugleich zum größten Feind der Gesundheitssysteme wird. Jeder zweite ist bereits heute in der Hälfte der Mitgliedsländer zu dick. Diese Zahlen – und die Kilos – steigen weiter an. In zehn Jahren werden schon zwei von drei Leuten zu dick sein.

Die Folgen sind erschreckend: Dicke sterben acht bis zehn Jahre früher als Normalgewichtige. Sie sind öfter arbeitslos und verdienen weniger Geld. Das liegt zum Teil daran, dass Arbeitgeber glauben, Dicke wären nicht so produktiv. Das stimmt auch teilweise, denn aufgrund des Übergewichts fallen Dicke statistisch gesehen tatsächlich öfter aus, sind krank oder langsamer. Sie verdienen dadurch im Schnitt 18 Prozent weniger als Dünne.

Es hat oft auch etwas mit Bildung zu tun, wie viel man wiegt: Menschen aus ärmeren und schlechter gebildeten Schichten sind eher zu dick als Leute mit Hochschulabschluss und besserem Einkommen. Bei den Männern gibt es mehr Übergewichtige als bei den Frauen. Aber auch diese ziehen gerade schnell nach. Und Kinder, bei denen mindestens ein Elternteil zu dick ist, haben ein drei- bis viermal höheres Risiko, ebenfalls übergewichtig zu werden. Das lässt sich nur bedingt auf Gene und Vererbung zurückführen. Dicksein liegt vor allem am Lebensstil in den Familien, aber auch in der gesamten Gesellschaft. Mit den neuen flexiblen Arbeits- und Lebensbedingungen sind die alten Essensrhythmen verloren gegangen. An allen Ecken gibt es Fast Food und Snackautomaten, die Kalorien jederzeit verfügbar machen. Es wird oft zwischendurch gegessen. Die Menschen bewegen sich insgesamt zu wenig und essen gleichzeitig zu viel und zu ungesund. Kaum einer geht noch zu Fuß oder radelt ins Büro.

Deutschland macht im OECD-Vergleich keine gute Figur: 60 Prozent der Männer sind übergewichtig, bei den Frauen sind es 45 Prozent, also schon fast die Hälfte. Bei Männern und Frauen gelten dabei 16 Prozent als krankhaft fettleibig. In Frankreich sind es wesentlich weniger. Forschungen haben ergeben: Die Franzosen essen traditionell nur dreimal am Tag, also keine Snacks zwischendurch. Und sie bereiten immer noch das meiste aus frischen Zutaten zu. Doch auch in Frankreich verliert sich diese Tradition unter Jugendlichen: Fast Food ist auch hier auf dem Vormarsch und die Jüngeren werden von Jahr zu Jahr dicker.

Nach Definition der Weltgesundheitsorganisation WHO gelten Erwachsene mit einem Body-Mass-Index (BMI) zwischen 25 und 30 als übergewichtig und Personen mit einem BMI von über 30 als fettleibig. Der BMI berechnet sich aus dem Gewicht geteilt durch die Körpergröße zum Quadrat. Er gibt damit das Gewicht einer Person im Verhältnis zur Körpergröße an.

Name: ____________

Volkskrankheit Fettleibigkeit

Aufgabe

Bearbeite folgende Aufgabenstellungen.

a) „Volkskrankheit Fettleibigkeit". Warum hat der Verfasser des Textes diese Überschrift gewählt? Erkläre.

____

____

b) Unterstreiche alle Textstellen, die darauf hinweisen, dass, bedingt durch die zunehmende Fettleibigkeit, hohe finanzielle Belastungen auf die Krankenkassen zukommen.

c) Der Verfasser beschreibt einen bestimmten Lebensstil, der das Dicksein fördert. Fasse diesen mit eigenen Worten knapp zusammen.

____

____

d) Suche nach Erklärungen, warum das Körpergewicht unter anderem mit der Bildung eines Menschen in einem Zusammenhang steht.

____

____

e) „Lernen am Modell" wird in der Psychologie als ein Lernvorgang beschrieben, bei dem durch Beobachten gelernt bzw. Verhaltensweisen übernommen werden. Findest du eine Textstelle, bei der dieses Lernprinzip als eine Begründung für Fettleibigkeit dienen könnte? Markiere farbig.

f) Warum sind viele Menschen mit massivem Übergewicht auf dem Arbeitsmarkt benachteiligt? Begründe.

____

____

g) Prüfe, ob es sich im folgenden Fall um einen fettleibigen Menschen handelt.

männlich ● 30 Jahre ● Körpergröße: 1,85 m ● Körpergewicht: 100 kg

Station 6

Name: ____________

Schlank sein um jeden Preis

Aufgabe 1

In der Gesellschaft wird viel über Körpergewicht, Diäten, Schönheitswahn usw. diskutiert. Auch deine Meinung ist gefragt. Bewerte folgende Aussagen. Trage ein Kreuz in die zutreffende Spalte ein.

– –	deutliches NEIN, stimme ich nicht zu
–	eher NEIN, stimme ich eher nicht zu
0	Unentschieden, stimme ich weder noch zu
+	eher JA, stimme ich eher zu
++	deutliches JA, stimme ich ganz genau zu

	Bewertung				
Aussagen	+ +	+	0	–	– –
Für viele Mädchen und junge Frauen sind Models Vorbilder. Auch sie träumen von einer Karriere als Model.					
Ein Modell muss nicht nur schön sein, sondern auch schlank. Die meisten Models sind überschlank.					
Das geringe Körpergewicht wird uns von der Modewelt als Idealgewicht „verkauft".					
Das Körpergewicht der Models ist das Ergebnis von Hunger, Diäten, Abführmitteln und schädlichen Diätpillen.					
Dicke Menschen werden als unattraktiv abgestempelt.					
Auch die Werbung bedient sich der einfachen Formel: „schlank = glücklich = attraktiv = begehrt".					
Jede Frau möchte bewundert, begehrt und beneidet werden – erfolgreich sein wie z. B. Heidi Klum.					
Da es den perfekten Körper nicht gibt, bedient man sich spezieller Tricks, um offensichtliche Makel bei Models und Schauspielern zu verdecken (Schminke, Fotomontagen).					
Immer mehr Menschen sind mit ihrem Äußeren unzufrieden. Frauen, Männer, aber auch Jugendliche.					
Durch Casting-Shows, Zeitschriften, Daily-Soaps werden wir manipuliert. Wir haben den Wunsch, unseren Vorbildern nachzueifern – schön und schlank zu sein.					
Insbesondere Casting-Shows führen ein falsches und gefährliches Ideal vor. Sie sollten nicht gesendet werden.					
Viele Jugendliche wollen ein „ideales" Körpergewicht durch Hungern und Erbrechen erzwingen. Sie sind stark gefährdet, an Bulimie oder Magersucht zu erkranken.					

Aufgabe 2

Wertet die Ergebnisse im Klassenverband aus. Zählt für alle Aussagen die Anzahl der Kreuze in jeder Spalte aus. Wo gibt es die meisten Übereinstimmungen bzw. gegensätzliche Meinungen? Haltet eure Erkenntnisse schriftlich fest.

Station 7

Staatliche Sucht- und Drogenpolitik

Name: ____________________

Im Mittelpunkt der staatlichen Sucht- und Drogenpolitik steht die Erkenntnis, dass Sucht eine Krankheit ist. Eine erfolgreiche Ausrichtung sämtlicher Maßnahmen hängt eng mit der Erforschung der Ursachen und Auswirkungen der einzelnen Erkrankungsformen zusammen. Die staatliche Sucht- und Drogenpolitik ruht auf vier Säulen.

Aufgabe 1

Recherchiere im Internet die staatlichen Maßnahmen zur Bekämpfung der Sucht- und Drogenproblematik. Übertrage folgende Mindmap auf ein Blatt und vervollständige sie (Querformat).

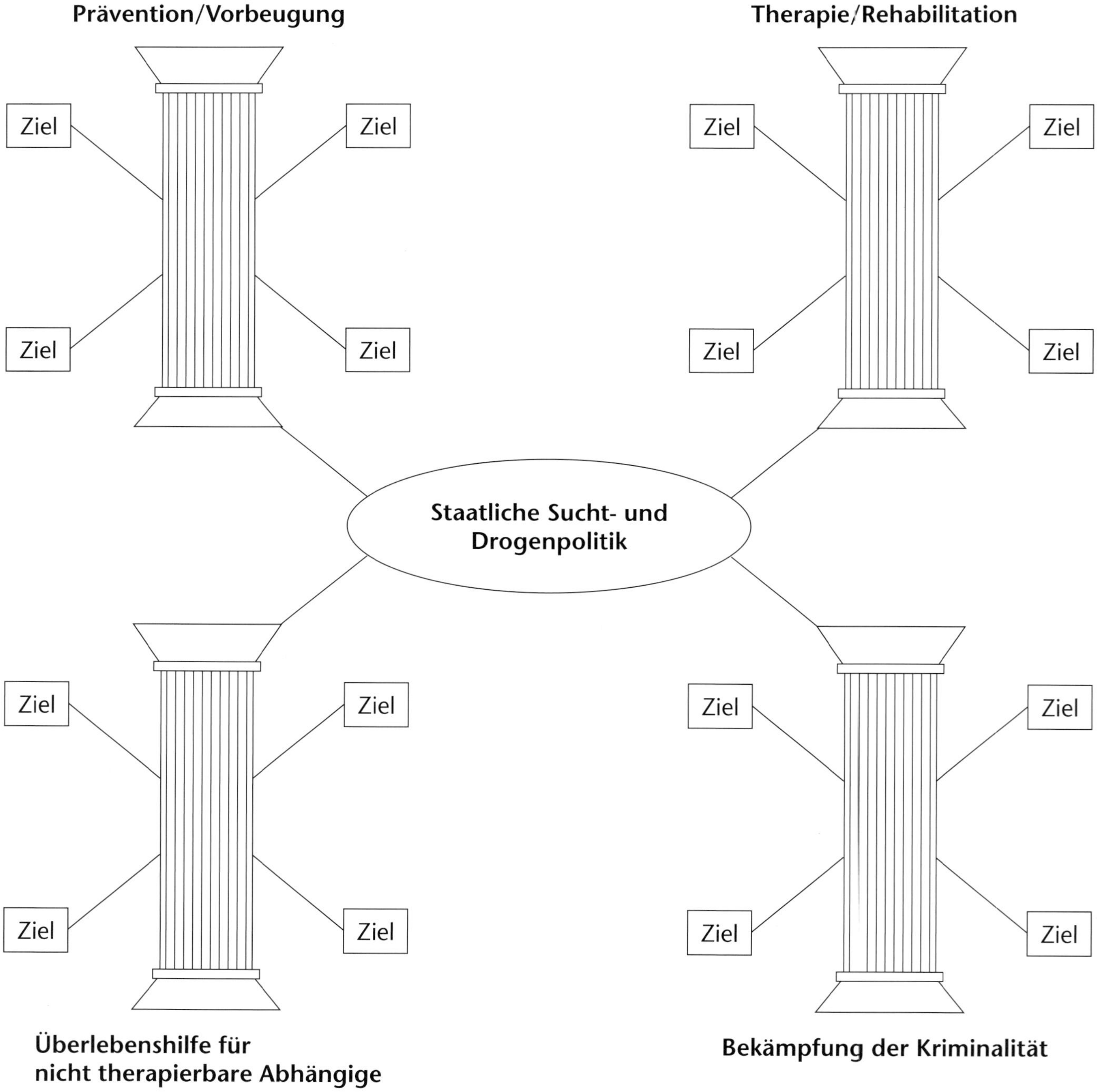

Staatliche Sucht- und Drogenpolitik

Name: ______________

Aufgabe 2

Nenne Gründe, warum für den Staat die Sucht- und Drogenbekämpfung eine wichtige Aufgabe ist. Beziehe die Aufzeichnungen (Mindmap) in deine Überlegungen mit ein.

____

____

____

Aufgabe 3

Rufe die Internetseite der **Bundeszentrale für gesundheitliche Aufklärung** auf (www.bzga.de). Informiere dich über deren Ziele und Aufgaben. Fasse die wesentlichen Punkte zusammen.

____

____

____

Aufgabe 4

Auf der Internetseite der BZgA kannst du dich auch über Suchtberatungsstellen in deiner Nähe informieren. Verschaffe dir einen Überblick. Klicke wie folgt.

Service ⇨ Beratungsstellen ⇨ Suchtberatungsstellen ⇨ Suchmaske ausfüllen

Aufgabe 5

Informiere dich im Internet über folgende Aktionen und Kampagnen.

- Kinder stark machen
- Na Toll
- Projekt Trampolin
- Leben hat Gewicht

Überlege, warum die o.g. Präventionsprogramme für eine erfolgreiche Sucht- und Drogenpolitik unverzichtbar sind. Schreibe stichpunktartig auf.

____

____

____

Karikaturen zum Thema Sucht

Name: ____________________

1. ______________________________

Die EG-Wirtschaftsminister:
Rauchen schafft neue Arbeitsplätze

2. ______________________________

3. ______________________________

4. ______________________________

Aufgabe 1

Die abgebildeten Karikaturen wurden von Kindern und Jugendlichen gezeichnet. Finde zu jeder eine passende Überschrift. Schreibe diese auf die Linien.

Aufgabe 2

Wähle eine Karikatur aus und interpretiere sie nach folgenden Vorgaben.

a) Was ist dargestellt? Beschreibe (Personen, Handlung usw.).
b) Erläutere die Aussage (Botschaft) der Karikatur (Problematik, Kritik usw.).
c) Beurteile die Karikatur. Bist du gleicher oder anderer Meinung?

Name: ______________________

Vielfältige Lebensformen

Aufgabe 1

Trage ein, was dir zum Begriff Familie einfällt. Vergleiche mit einem Klassenkameraden und sprecht über die Gemeinsamkeiten und Unterschiede.

		Familie		

Aufgabe 2

Betrachte die Abbildung und beantworte folgende Fragen.

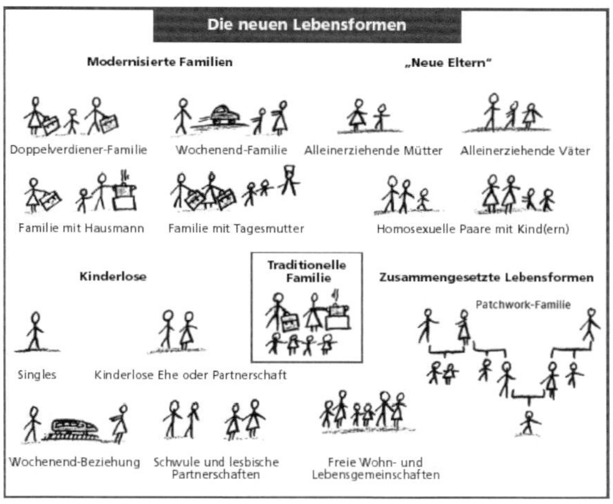

a) Warum ist es nicht so einfach, zu beschreiben, was eigentlich eine Familie ist?

____

____

b) Was erkennst du aus der Abbildung über Formen der Familie heute?

____

____

c) Schreibe einen Kurzbericht über eine neue Lebensform in Stichpunkten.

____

____

Name: ______________________

Was bietet die Familie?

Aufgabe 1

Lies den Artikel über die „wilden Kinder". Schreibe die Unterschiede im Verhalten und in der Entwicklung der „wilden Kinder" gegenüber Kindern, die in Familien aufwachsen, auf.

Im Jahr 1920 wurden im indischen Dschungel zwei Mädchen, etwa drei und fünf Jahre alt, gefangen. Ein Missionsleiter kümmerte sich um sie. Deutlich unterschieden sich die Kinder von gleichaltrigen. Amala und Kamala hatten breite Schultern, lange Arme, eine gerade Wirbelsäule und an den Handballen und Knien dicke Hornhaut. Finger und Zehen waren durch das Laufen auf allen Vieren verformt. Sie hatten die Gewohnheit, immer wieder laut zu keuchen, wolfsähnliche Laute auszustoßen oder zu heulen, manchmal den Kiefer weit aufzusperren und die Zunge aus dem Mund hängen zu lassen. Die Nahrung schlangen sie mit hängendem Kopf in sich hinein. Flüssigkeit leckten sie, anstelle zu trinken. Die Mädchen hockten am liebsten in den dunkelsten Ecken, sie waren menschenscheu und aggressiv. Kam man ihnen zu nahe, fletschten sie die Zähne. Sie hatten ein besonders empfindliches Gehör, ein hervorragendes Sehvermögen und ernährten sich von rohem Fleisch oder Aas. Ihre besten Werkzeuge waren ihre Zähne und Fingernägel. In der Mission spielten sie am liebsten mit den Ziegen, mit denen sie auch „sprachen". Amala, die Jüngere, starb nach einem Jahr, Kamala nach acht Jahren; beide an einer rätselhaften Ursache.

Wilde Kinder	Kinder in Familien

Das Beispiel zeigt, wie sich Kinder entwickeln, die nicht in der Geborgenheit einer Familie aufwachsen. Diese Kinder lernen nicht die Eigenschaften und Verhaltensweisen, die für das Zusammenleben der Menschen notwendig sind. Es fehlt ihnen der Prozess der Eingliederung in die Gesellschaft und der Anpassung an die in der Gesellschaft geltenden Werte und Normen. Die ersten Jahre sind entscheidend für die Entwicklung eines Menschen und seiner Persönlichkeit. Nicht entscheidend ist, in welcher Lebensform das Kind aufwächst. In den ersten Jahren braucht das Kind eine innige und dauerhafte Beziehung und viele positive Erfahrungen: Zärtlichkeit, Vertrauen, Sicherheit und Liebe usw. Daraus entwickelt sich ein „Urvertrauen"; dies ist Voraussetzung, sich als Mensch zu empfinden, Selbstbewusstsein zu haben und den Mut zu entwickeln, sich auf unbekannte Dinge und Menschen einzulassen.

Aufgabe 2

Welche Eigenschaften und Verhaltensweisen erachtest du innerhalb deiner Famlie für wesentlich und bedeutsam? Schreibe sie auf und begründe sie. Stelle deine Aussagen der Klasse vor und besprecht sie miteinander.

Station 3

Name: ____________

Staatliche Familienpolitik

Aufgabe 1

Schlage im Grundgesetz (GG) nach, wie der Staat die Familie schützt. Beschreibe die Hauptpunkte des Artikels mit eigenen Worten und Beispielen stichpunktartig.

____

____

____

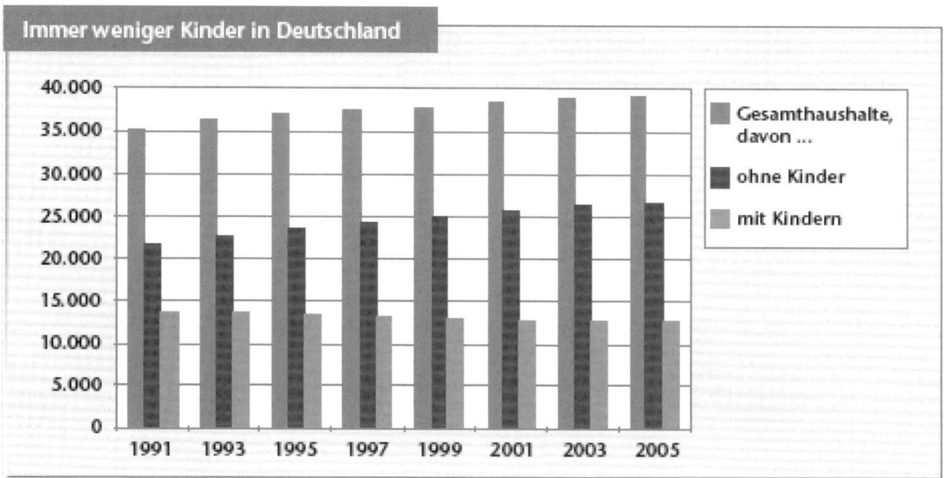

(Quelle: Statistisches Bundesamt, Mikrozensus)

Aufgabe 2

Betrachte das Säulendiagramm. Beschreibe die Entwicklung der Familienhaushalte. Welche Tendenzen kannst du ablesen? Überlege, welche Folgen das für die Gesellschaft hat.

____

____

____

Aufgabe 3

Recherchiere im Internet, wie der Staat die Familien fördert. Beschreibe die staatlichen Leistungen und begründe, welche familienpolitischen Ziele der Staat damit erreichen will.

____

____

____

Name: ____________

Es geht um Vertrauen

Aufgabe 1

Was bedeutet für dich Vertrauen? Notiere deine Gedanken stichpunktartig.

____

Aufgabe 2

Wem vertraust du deine Ängste, Sorgen, Probleme, Nöte, jedoch auch Wünsche und schöne Erlebnisse an? Warum gerade diesen Personen? Schreibe auf.

____

____

Aufgabe 3

Vervollständige folgende Redewendungen rund um „Vertrauen".

a) Vertrauen ist gut, ____________

b) Jemandem ____________ vertrauen

c) Für jemanden die Hand ____________

d) ____________ auf den Leim ____________

Aufgabe 4

Fall 1:	Fall 2:
Die Eltern erlauben ihrer 15-jährigen Tochter, bei einer Freundin zu übernachten. Später erfahren sie, dass sie bei ihrem Freund geschlafen hat.	Auf einer Klassenfahrt kommen mehrere Schüler mit 60-minütiger Verspätung zum vereinbarten Treffpunkt.

a) Setze dich mit den möglichen Auswirkungen des oben beschriebenen Verhaltens auseinander.

____

____

b) Wie würde sich die Beziehung zu den Eltern oder dem Klassenlehrer entwickeln, wenn es nicht zu den Vorfällen gekommen wäre?

____

____

Station 5

Name: ____________

Toleranz heißt nicht Gleichgültigkeit

Aufgabe 1

Was bedeutet Toleranz? Recherchiere im Internet und der Schulbibliothek. Fasse wichtige Punkte zusammen.

____

____

Aufgabe 2

Wo übst du Toleranz? Nenne Beispiele aus den Bereichen Familie, Schule und Öffentlichkeit.

____

____

Aufgabe 3

Deine Meinung und Haltung ist gefragt. Bewerte folgende Aussagen, indem du die vorgegebenen Zahlen einsetzt. Diskutiere anschließend mit deinen Klassenkameraden.

(1) kann ich zustimmen (2) toleriere ich (3) ist mir gleichgültig (4) muss ich etwas dagegen tun

	Wenn auf dem Schulfest Lieder von der Band „Böhse Onkelz" gespielt werden.
	Wenn Witze über Ausländer gemacht werden.
	Wenn in der Schublade des Hotelzimmers eine Bibel liegt.
	Wenn Neonazis eine Demo in unserer Stadt veranstalten.
	Wenn über Juden Witze gemacht werden.
	Wenn erwachsene Fußgänger über eine rote Ampel gehen.
	Wenn Menschen eigene Regeln aufstellen.
	Wenn sich Klassenkameraden Kinofilme aus dem Internet downloaden.
	Wenn deutsche Firmen im Ausland produzieren, um Kosten zu sparen.
	Wenn deutsche Soldaten in Afghanistan den Frieden sichern.

Aufgabe 4

Warum ist Toleranz wichtig für ein friedliches Miteinander der Völker? Begründe.

____

____

Name: ____________________

Zivilcourage zeigen

München, 12. September 2009
Dominik B. ist mit der S-Bahn in Richtung Wolfratshausen unterwegs. Der 50-jährige Familienvater sieht, wie drei Jugendliche Kinder bedrängen, von ihnen Geld fordern. Dominik B. greift sofort ein – andere Fahrgäste schauen weg. Über sein Mobiltelefon alarmiert er die Polizei und steigt anschließend mit den verängstigten Kindern an der Station Solln aus. Plötzlich wird Dominik B. von zwei der drei Jugendlichen hinterrücks brutal attackiert. Sie schlagen und treten auf ihn ein, selbst als dieser bereits auf dem Boden liegt. Niemand eilt ihm zur Hilfe. Als Polizei und Notarzt eintreffen, ist der Mann bereits so schwer verletzt, dass er wenige Stunden später im Krankenhaus stirbt. Dominik B. – totgeprügelt von zwei Jugendlichen, weil er nicht wegschaute, Zivilcourage zeigte, als Kinder dringend Hilfe benötigten. Er starb auch, weil er allein war.

Aufgabe 1
Lies den Text aufmerksam durch. Welche Gedanken und Gefühle hast du? Beschreibe.

Aufgabe 2
Warum musste Dominik B. sterben? Nenne Gründe. Beziehe den Begriff „Zivilcourage" in deine Überlegungen mit ein.

Aufgabe 3
Zivilcourage kann man lernen. Bewerte folgende Aussagen. Kreuze die zutreffende Spalte an. Diskutiere anschließend mit deinen Klassenkameraden.

– –	deutliches NEIN, stimme ich nicht zu
–	eher NEIN, stimme ich eher nicht zu
0	Unentschieden, stimme ich weder noch zu
+	eher JA, stimme ich eher zu
++	deutliches JA, stimme ich ganz genau zu

	Bewertung				
Aussagen	++	+	0	–	– –
Eigene Meinung auch gegenüber Vorgesetzten ausdrücken.					
Muskeln machen stark – auf ins nächste Fitnessstudio.					
Stimme trainieren, um möglichst laut schreien zu können.					
Selbstschutz ist das oberste Gebot jedes Helfers.					
Situation einschätzen, nicht unüberlegt in die Offensive gehen.					
Nicht alleine handeln. Anwesende auffordern zu helfen.					
Bedrohte Person aus der Situation befreien. Hand reichen – „Möchten Sie sich sich zu mir setzen?"					
Mit Pfefferspray und Elektroschockern die Täter attackieren.					
Polizei alarmieren, Sicherheitspersonal informieren.					
Mit den Tätern diskutieren. Sie auffordern zu verschwinden.					
Notbremse ziehen. Bei einem Notfall liegt kein Missbrauch vor.					
Selbst mal zum Täter werden, damit man sich in dessen Denken und Handeln hineinversetzen kann.					
Die eigene Angst nicht verdrängen, sondern mit ihr handeln.					
Schuldzuschreibung („Ist das Opfer vielleicht selbst schuld?")					
Verantwortung abgeben („Dafür sind andere zuständig").					
Im Alltag kleine Schritte entwickeln („Nicht zu viel wollen").					

Name:

Rote Karte gegen Rassismus

Erlebnis 1:
Es ist bereits dunkel und du bist mit einem Freund auf dem Heimweg. Plötzlich tauchen fünf dunkelhäutige Jugendliche mit Kapuzen vor dir auf …

Erlebnis 2:
Du stehst am Fußgängerüberweg. Vor dir hält ein teurer Sportwagen. Der Fahrer ist dunkelhäutig, trägt goldene Ringe und Ketten und hört laut Musik.

Erlebnis 3:
Familie Gündogan kommt zur Wohnungsbesichtigung. Der Vermieter lehnt mit der Begründung ab, die Wohnung sei bereits vergeben.

Aufgabe 1

Schreibe zu den dargestellten Sitautionen deinen jeweils ersten Gedanken auf, egal wie er ist.

Erlebnis 1: ______

Erlebnis 2: ______

Erlebnis 3: ______

Aufgabe 2

Unüberlegt schreibt man häufig Menschen aufgrund ihrer Abstammung negative Eigenschaften zu. Hattest du auch Vorurteile?
Versuche, die oben aufgeführten Erlebnisberichte positiv zu deuten. Wie hätte es auch sein können? Beschreibe stichpunktartig.

Erlebnis 1: ______

Erlebnis 2: ______

Erlebnis 3: ______

Aufgabe 3

Alle Schwarzen sind Dealer.

Finde weitere Beispiele für dumme Verallgemeinerungen.

Ausländer sind Sozialschmarotzer.

______

______

Aufgabe 4

Erstelle ein Plakat mit Slogans gegen Fremdenfeindlichkeit und Rassismus.

„Du Spasti, Opfer, Missgeburt …"

Name: ____________________

„Jurymitglied einer bekannten Casting-Show bezeichnet 18-jährige Kandidatin als BITCH"

Aufgabe 1

Lies die abgebildete Schlagzeile aufmerksam durch. Beschreibe deine Gedanken und Gefühle.

____

____

Aufgabe 2

Das Wort „Bitch" kommt aus der englischen Sprache und bedeutet übersetzt „Hündin/Hure".
Gemeint ist eine Frau, die viele Männer hat.
Ist die Äußerung des Jurymitglieds in diesem Sinne gemeint? Begründe.

____

____

____

Aufgabe 3

Viele Wörter werden von Kindern und Jugendlichen in einer anderen Bedeutung verwendet als in der etablierten Sprache der Erwachsenen.
Finde weitere solche Wörter, die in der Jugendsprache als Schimpfwörter verwendet werden.

Äußerung	Bedeutung Jugendsprache	Etablierte Sprache
Spasti(ker)	Spinner, Depp, Narr	Behinderter Mensch, der unter Muskelkrämpfen leidet

Aufgabe 4

Wenn Kinder und Jugendliche diese Wörter benutzen, dann ist es meistens nicht so böse gemeint, wie es Erwachsene empfinden. Diskutiert im Klassenverband, ob sich bestimmte Menschengruppen durch derartige Äußerungen abgewertet und beleidigt fühlen könnten. Ist es nicht besser, vorher zu überlegen, was man sagt und zu wem man es sagt? Schreibe stichpunktartig auf.

____

____

Station 1

Auskommen mit dem Einkommen

Name: ______________________

Peter Müller, 19 Jahre, ledig, Single
Altenpfleger in Vollzeit (Bruttogehalt 1700 € / Nettogehalt: 1180 €)
Nebenjob in einem Getränkemarkt (ca. 250 € netto)

Haushaltsplan

Monatliche Einnahmen	
Pflegeheim Wiesenhaus	1180 €
Getränkemarkt Hartwig	ca. 250 €
Summe	

Monatliche Ausgaben	
Kaltmiete	350 €
Nebenkosten (Heizung, Strom, Wasser, Müll)	100 €
Versicherungen (Privathaftpflicht, Hausrat)	40 €
Telefon und Internet	30 €
Rundfunk- und Fernsehgebühren	17 €
Handy	30 €
PKW (Versicherung, Steuer, Benzin)	200 €
Haushalt (Körperpflege, Putzmittel)	25 €
Bildung, Unterhaltung, Freizeit	200 €
Lebensmittel	200 €
Weitere Ausgaben (Fitness, Rauchen)	150 €
Summe	€

Monatliche Einnahmen	
Monatliche Ausgaben	
Summe (+ / –)	€

Aufgabe 1

Erkläre folgende Begriffe.

a) Bruttoeinkommen: ______________________________

____

b) Nettoeinkommen: ______________________________

____

Name: ____________________

Auskommen mit dem Einkommen

Aufgabe 2

Der abgebildete Haushaltsplan ist unvollständig. Fülle die Lücken aus.

Aufgabe 3

Bearbeite folgende Aufgabenstellungen.

a) Wie viel Geld hat Peter Müller monatlich zur Verfügung?

____

b) Rund 250 € verdient Peter durch seine Nebentätigkeit. Überlege, ob es sich dabei um eine „sichere“ Einnahmequelle handelt. Begründe.

____

____

c) Warum hat Peter, wie viele andere auch, trotz einer 40-Stunden-Woche im Altersheim, eine Nebentätigkeit angenommen? Suche nach Erklärungen.

____

____

d) Beurteile Peters Haushaltsplanung. Was findest du gut? Gibt es Kritikpunkte? Hast du Ratschläge bzw. Veränderungsvorschläge? Notiere stichpunktartig.

____

____

e) Es ist ratsam, sich eine sogenannte „Notreserve“ zu schaffen. Was ist damit gemeint? Nenne Beispiele.

____

____

f) Erkläre folgende Redewendung:
„Wenn man nur Bier verdient, kann man keinen Champagner trinken.“

____

g) Diskutiere mit deinen Klassenkameraden über die These, dass viele Jugendliche und junge Erwachsene Gefahr laufen, in der Schuldenfalle zu landen.

Name:

Thema „Bankgeschäfte"

Leben Sie schon oder sparen Sie noch? Kredit von der XY-Bank

Kredit? Kein Problem. Jetzt kann sich jeder alles leisten!

Kreditaufnahme bei der XY-Bank. Auf der Sonnenseite des Lebens!

Sorgenfrei leben – auch wenn etwas Unerwartetes dazwischenkommt. Kredit in 15 Minuten!

Aufgabe 1

Lies die abgebildeten Werbeslogans aufmerksam durch. Was sollen diese den Kunden vermitteln? Notiere.

____

____

Aufgabe 2

Überlege, warum sich insbesondere junge Menschen häufig von diesen Angeboten beeinflussen lassen. Siehst du mögliche Gefahren? Schreibe auf.

____

____

Aufgabe 3

Du bist in deinem Alter eingeschränkt geschäftsfähig. Möglicherweise verfügst du bereits über ein eigenes Konto oder Sparbuch. Obwohl du erst mit 18 Jahren sämtliche Bankgeschäfte tätigen darfst, solltest du bereits jetzt Grundkenntnisse in Bezug auf Zahlungsverkehr, Sparen und Sparformen haben.
Bearbeite folgenden Fragenkatalog mithilfe des Internets. Oder du vereinbarst einen Termin mit einem Kundenberater einer Bank. Dort wird man dir sicherlich gerne behilflich sein.

a) Vervollständige folgende Sätze.

Wirtschaften bedeutet planvolles H______________, um B______________ zu befriedigen.

Sind meine Ausgaben höher als meine Einnahmen, mache ich ______________.

Banken und Sparkassen werden auch Kredit______________ genannt.

Station 2

Name: ____________

Thema „Bankgeschäfte“

b) Erläutere die Bedeutung „auf Pump kaufen“.

____

c) Welche Begriffe gehören zu welchem Einkommen? Ordne zu. Benutze drei unterschiedliche Farben und schraffiere.

Einkommen aus Geldbesitz	Einkommen aus Arbeit	Einkommen aus Bodenbesitz

Gehalt	Sold	Gage	Pacht	Dividende
Miete	Lohn	Honorar	Zinsen	

d) Kreuze an.
Für den bargeldlosen Zahlungsverkehr benötigt man unbedingt …

( ) ein polizeiliches Führungszeugnis.
( ) den Führerschein.
( ) ein Handy.
( ) einen Computer.
( ) ein Girokonto.

e) Notiere die drei Wege des bargeldlosen Zahlungsverkehrs.

____

f) Verbinde die Begriffe mit den passenden Angaben.

Dauerauftrag

Lastschriftverfahren

Miete

Telefonrechnung

gleichbleibende Beträge

unterschiedliche Rechnungsbeträge

g) Erkläre die Begriffe „Haben“, „Soll“ und „Dispokredit“.

____

____

____

Station 3

Name:

Verkaufstricks widerstehen

Einzelhändler bedienen sich vielfältiger Verkaufstricks, um das Kaufverhalten ihrer Kunden zu beeinflussen. Sie sollen mehr kaufen als sie tatsächlich benötigen.

Aufgabe 1

Du bist Marktleiter in einem Supermarkt. Von einem Werbefachman werden dir folgende Verkaufsstrategien empfohlen. Prüfe, ob diese deiner Meinung nach geeignet (g.) oder nicht geeignet (n.g.) für eine Umsatzsteigerung sind. Kreuze an und trage jeweils den entsprechenden Buchstaben in die Lösungstabelle ein.

		g.	n.g.
1.	Die Einkaufswagen müssen möglichst groß sein; der Blick der Kunden sollte nicht sofort auf die Einkaufskörbe fallen.	M	W
2.	Um die eiligen Kunden „auszubremsen“, muss bereits im Eingangsbereich eine Wohlfühlatmosphäre geschaffen werden. Frisches Obst und Gemüse werden im „Sonnenlicht“ präsentiert.	A	I
3.	Die Abluft des Brotbackautomaten wird in den Laden geblasen. Der Geruch regt den Hunger an. Marmelade, Honig und Schoko-Nuss-Creme müssen griffbereit platziert werden.	N	T
4.	Grundnahrungsmittel wie Wurst, Käse, Milch müssen immer im vorderen Bereich des Ladens verfügbar sein, sodass die Kunden nicht lange suchen müssen.	U	I
5.	Es muss gewährleistet sein, dass für die Kunden der Preis einer Ware immer gleich zu erkennen ist.	L	P
6.	Markenprodukte sollten möglichst immer in Griffhöhe angeboten werden. Preißgünstigere Artikel, zumeist gleicher Qualität, werden als „Bückware“ in den unteren Regalen aufgestellt.	U	A
7.	Es ist wichtig, dass das Warensortiment über mehrere Monate nicht umsortiert wird. Den Kunden sollte alles vertraut sein.	M	L
8.	Der Aufbau eines Probierstandes ist empfehlenswert, um den Appetit und die Kauflust der Kunden zu erhöhen.	A	S
9.	Die Gestaltung des Marktes sollte wenig kinderfreundlich sein. Zu viele Kinder könnten die anderen Kunden stören.	E	T
10.	Viele Waren sollten als „Sonderangebote“ angepriesen werden.	I	S
11.	Süßigkeiten sollten möglichst nicht an verschiedenen Orten angeboten werden. Die Kunden müssen auf eine gesunde Ernährung achten.	T	O
12.	An den Kassen dürfen nur wenige Waren angeboten werden, um die Eltern vor ihren quengelnden Kindern zu schützen.	M	N

	1.	2.	3.	4.	5.	6.	7.	8.	9.	10.	11.	12.
Lösung:												

Name:

Verkaufstricks widerstehen

Aufgabe 2

Das Lösungswort steht in einem Zusammenhang mit den Verführungstricks der Supermärkte. Erkläre die Bedeutung.

Aufgabe 3

Betrachte die nicht geeigneten Maßnahmen zur Umsatzsteigerung aus Aufgabe 1. Schreibe stichpunktartig auf, warum diese nicht erfolgversprechend sind.

Aufgabe 4

Lies folgenden Text aufmersam durch und bearbeite die Arbeitsaufträge.

Herr Stengel hat Feierabend. Da er im Büro viel zu erledigen hatte, konnte er keine Mittagspause machen. Ihm knurrt der Magen. Die Zeit ist knapp. Am Abend hat er noch eine Verabredung. Der Kühlschrank ist leer. In der Hektik ist der Einkaufszettel im Büro liegen geblieben. Als er den Supermarkt betritt, fällt sein Blick sofort auf den Probierstand mit dem herrlich duftenden Obst. Diesem kann er natürlich nicht widerstehen. Zu Hause auf dem Sofa schmecken die Früchte natürlich auch – ab in den Einkaufswagen. „Klasse", denkt sich Herr Stengel kurze Zeit später. „Bei dieser riesigen Packung Nudeln kann ich mal wieder ein Schnäppchen machen. Da nehme ich doch gleich vier Packungen auf Vorrat mit." Am Wochenende soll es Rouladen geben. Die Fleischtheke bietet eine große Auswahl. Bei den Preisen hat Herr Stengel Schwierigkeiten, sich zu orientieren. „Auf geht's, das sieht gut aus, ich muss mich beeilen." Mit schnellen Schritten geht es in Richtung Kasse. Die Schlange ist groß – nicht alle Kassen sind besetzt. Um sich die Wartezeit zu vertreiben, greift Herr Stengel nach einer Sportzeitung. Ab damit in den Einkaufswagen. Gut, dass auch auf gekühlte Getränke nicht verzichtet werden muss und die Lieblingsschokolade an der Kasse gleich griffbereit ist …

a) Liste vier Faktoren auf, die das Kaufverhalten von Herrn Stengel beeinflussen. Schreibe Empfehlungen für einen „vernünftigen" Einkauf auf.
b) Notiere alle Fallen, auf die Herr Stengel hereingefallen ist.
c) Sind die angewandten Verkaufstricks zulässig? Gibt es besondere Kritikpunkte? Diskutiere mit deinen Klassenkameraden.

Station 4

Name: ____________

Auf die Verpackung kommt es an

Aufgabe 1

Nenne mindestens drei Gründe, warum Dinge des täglichen Lebens, insbesondere Lebensmittel, verpackt werden müssen.

Aufgabe 2

Schreibe Verpackungsarten auf. Der jeweilige Anfangsbuchstabe ist vorgegeben.

a) **P**____________ b) **A**____________ c) **M**____________

d) **G**____________ e) **K**____________ f) **V**____________

Aufgabe 3

Erläutere folgenden Grundsatz. Berücksichtige in deinen Überlegungen auch die Umweltproblematik. Schreibe ein Kurzreferat.

„Müllvermeidung fängt beim Einkauf an!"

Aufgabe 4

Finde für jede Erklärung den passenden Begriff.

a) ____________: Dienstleister, die die Entsorgung von Verkaufsverpackungen organisieren. Markenzeichen ist „Der Grüne Punkt". Dieser kennzeichnet Verkaufsverpackungen, die in der Gelben Tonne bzw. dem Gelben Sack, in Altpapiertonnen oder Altglascontainern gesammelt und gemäß gesetzlicher Vorgaben entsorgt oder wiederverwertet werden.

b) ____________: Gütesiegel, für die umweltschonende Herstellung eines Produktes.

Aufgabe 5

Mach es besser. Wie kannst du dich möglichst umweltschonend verhalten? Schreibe sinnvolle Alternativen auf.

a) Plastiktüten beim Einkauf: ____________

b) Alu-/Plastikfolie für die Pausenbrote: ____________

c) Weißes Druckerpapier: ____________

d) Einweggeschirr beim Klassenfrühstück: ____________

Station 5

Name: ____________________

Was passiert mit unserem Müll?

Deutschland ist weltweit die Nr. 1 in Bezug auf das Mülltrennen. So weit das Auge reicht – überall braune, grüne, blaue, schwarze und natürlich gelbe Tonnen.

Aufgabe 1

Ab in die Tonne – aber in die richtige. Bist du fit in Sachen Mülltrennung? Ordne die aufgelisteten Abfallprodukte richtig zu.
Tipp: Achte auf die jeweiligen Anfangsbuchstaben der Begriffe.

Schrank – Kunststoffbecher – Haushaltschemikalien – Zigarettenschachteln – Gummireste – Holzschutzmittel – Papiertaschentücher – Glasscherben – Konservendosen – Pflanzenreste – Haushaltsreiniger – Glühbirnen – Sofa – Kunststoffflaschen – Stuhl – Papierservietten – Zeitschriften – Zeitungsbeilagen

Restmüll	Sperrmüll	Altpapier	Gelbe/-r Tonne/Sack	Bio-/ Grünabfall	Schadstoff-sammlung

Aufgabe 2

Führe die Arbeitsaufträge aus.

a) Welches Verfahren fällt dir im Zusammenhang mit folgender Aussage ein? Erläutere dieses in wenigen Sätzen.
„Verpackungsabfälle gesammelt in Säcken und Tonnen. Müll? Das ist kein Müll – das sind wertvolle Rohstoffe!"
b) Nenne drei Stoffe, die für diesen Vorgang am besten geeignet sind.
c) Welche Bedingungen müssen erfüllt werden bei einer umweltverträglichen Abfallbeseitigung?
d) Mit welchem Verfahren zur Abfallbehandlung wird Energie für die Erzeugung von Strom und Heizwärme gewonnen?

Aufgabe 3

Nach Befürchtungen von Umweltschützern droht Deutschland zum größten Müllimporteur in Mitteleuropa zu werden. Im Ausland wird massenweise Müll eingekauft.
Nicht nachvollziehbar? Widersprüchlich? In Deutschland wird immer mehr Müll produziert – zudem transportieren Züge aus ganz Europa Müll nach Deutschland.
Suche nach Gründen. Schreibe deine Erkenntnisse stichpunktartig auf.

Name:

Atomkraft – Pro und Kontra

Berlin, 18. September 2010
Rund um das Regierungsviertel versammeln sich 100.000 Menschen, die aus ganz Deutschland angereist sind – mit Autos, Bussen und Sonderzügen. Ihr Protest richtet sich gegen die Atompläne der Bundesregierung. Auf den Transparenten ist zu lesen:
„Atomkraft: Schluss jetzt!" und
„Atomkraft? Nein danke!"

Berlin, 28. Oktober 2010
Der Bundestag beschließt knapp mit schwarz-gelber (CDU/FDP) Mehrheit das Energiekonzept der Bundesregierung. Die 17 deutschen Atomkraftwerke sollen zwischen acht und 14 Jahren länger laufen. SPD und Bündnis 90/Die Grünen hatten 2002 im Atomgesetz einen Ausstieg bis 2022 vereinbart.

Aufgabe 1

Lies die beiden Berichte aufmerksam durch. Beurteile die Erwartungen der demonstrierenden Menschen unter Berücksichtigung der politischen Entwicklung im Bereich Atomenergie.

Aufgabe 2

Welches dramatische Ereignis führte im März 2011 zu einer Kehrtwende der Bundesregierung in der Atompolitik? Fasse die wichtigsten Änderungen zusammen.

Aufgabe 3

Informiere dich zum einen über die Gefahr einer Kernschmelze, zum anderen über mögliche gesundheitliche Schädigungen, die durch radioaktive Strahlenbelastung ausgelöst werden können. Schreibe stichpunktartig auf und referiere im Klassenverband.

Aufgabe 4

Die Opposition im Bundestag und in vielen Länderparlamenten kritisiert scharf, dass wirtschaftliche Interessen vor Sicherheitsfragen gestellt werden.
Äußere dich zu diesen Vorwürfen. Wer profitiert von der Laufzeitverlängerung nach Ansicht der Politiker?

Name: ____________________

Atomkraft – Pro und Kontra

Aufgabe 5

Für die einen produzieren Atomkraftwerke sauberen, günstigen und sicheren Strom. Für die anderen sind sie teuer und gefährlich. Befürworter und Gegner liefern sich hitzige Debatten. Nachfolgend werden wichtige Argumente aufgeführt.
Setze dich kritisch mit diesen auseinander und male die Kästen mit den vorgegebenen Farben an: für (PRO) Atomkraftwerke (gelb), gegen (KONTRA) Atomkraftwerke (grün)
Diskutiere auch mit deinen Klassenkameraden.

Ein Atomkraftwerk garantiert den Gewinn von riesigen Mengen an elektrischer und thermischer Energie.	Sicherheitsmängel. Menschliches und technisches Versagen können Katastrophen zur Folge haben.
Gefahr eines Terrorangriffs. Die Betonwände eines Atomkraftwerks bieten keinen ausreichenden Schutz.	Mit einer weiteren Steigerung der Kernkraft werden wertvolle Bodenschätze geschützt.
Das Abschalten von Atomkraftwerken führt zu einem massiven Verlust von Arbeitsplätzen.	Die Entsorgung des Atommülls ist hoch problematisch. Zwischenlager verzögern die eigentliche Entsorgung.
Im Gegensatz zu der Verbrennung fossiler Bodenschätze ist Atomkraft sauber und kein CO_2-Killer.	Erneuerbare Energien sind unerschöpflich (z. B. Solarenergie); Erzvorkommen mit Urangehalt nicht.

Aufgabe 6

Suche weitere Argumente für und gegen Atomkraftwerke. Schreibe sie in die Kästchen und benutze zur Kennzeichnung die in Aufgabe 5 vorgegebenen Farben.

Name: ______________________

Erneuerbare Energiequellen

Sie gelten als das Geschäft der Zukunft – erneuerbare Energien, auf umweltfreundliche Art und Weise gewonnene Energie, z. B. aus Wasser, Wind und Sonne. Erneuerbar daher, weil deren Nutzung nicht zur Erschöpfung ihrer Quellen beiträgt.

Aufgabe

Wähle einen der folgenden fünf Themenbereiche aus:

- Windkraft
- Wasserkraft
- Solarenergie
- Erdwärme
- Biomasse

Sammle aussagekräftige Bilder und präsentiere deine Arbeitsergebnisse in Form einer Schautafel. Orientiere dich an folgendem Aufbau:

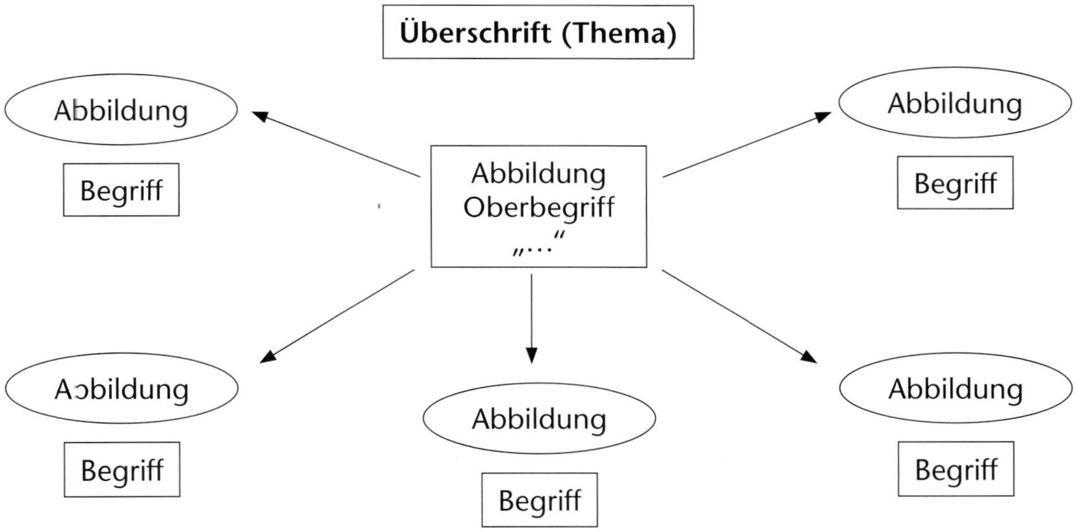

Nimm für deine Schautafel Plakatkarton, Klebstoff, Buntstifte und dein Bildmaterial zur Hand.

Tipps:

- Suche aussagekräftige Bilder!
- Achte darauf, dass deine Schautafel nicht zu viel Text enthält! Beschränke dich möglichst auf Bildunterschriften!
- Eine übersichtliche und anschauliche Anordnung erleichtert es später den Zuhörern, deinem Vortrag zu folgen!

Station 8

Energiesparen im Haushalt

Name: ______________

Ressourcen werden knapper. Die Umwelt hat unter den Folgen des Treibhauseffekts zu leiden. Auch im Haushalt können wir dazu beitragen, dass Strom und Energie eingespart wird.
Seit 1998 haben Großelektrogeräte das EU-Label, einen handgroßen Aufkleber, auch Energieverbrauchsetikette genannt. Am 01.01.2011 wurde ein neues EU-Label eingeführt, das eine stärker ausdifferenzierte Unterteilung der Energieeffizienzklassen vorsieht.

Aufgabe

Im Folgenden ist ein Etikett für Kühl- und Gefriergeräte abgebildet.
Ordne die Erläuterungen den entsprechenden Informationen auf dem Label zu. Verbinde.
Kläre zunächst Begriffe, die dir unbekannt sind.

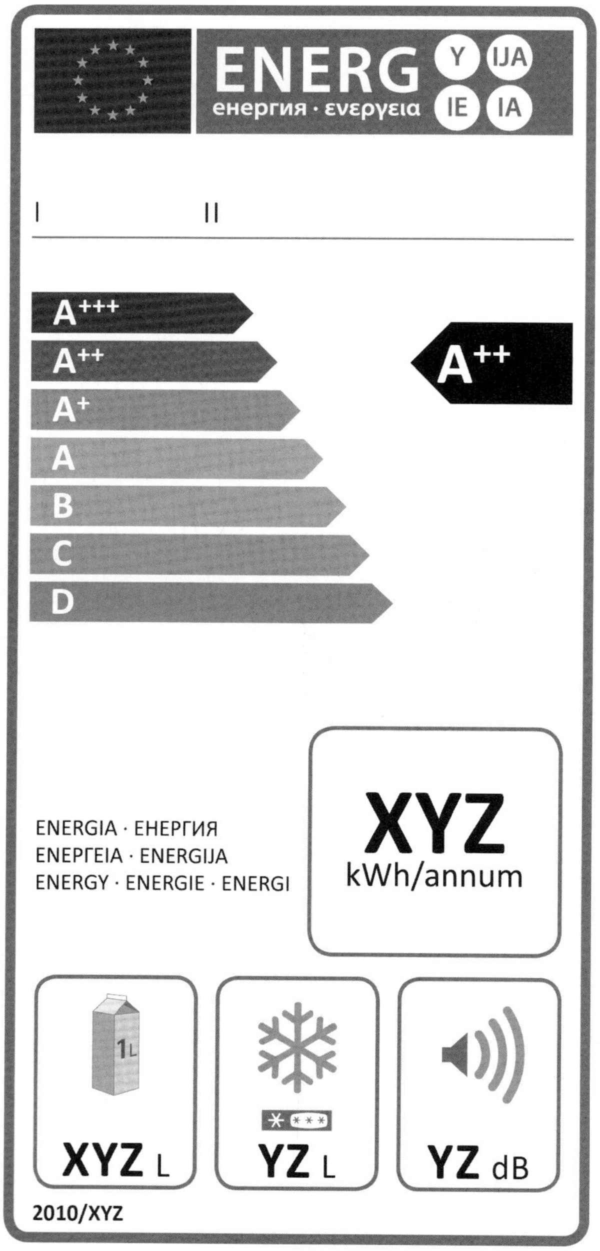

Energieverbrauch in kWh pro Jahr (auf Basis der Ergebnisse der Normprüfung). Der tatsächliche Verbrauch hängt von der Nutzung des Gerätes ab.

Geräuscheemission in Schallleistung

Energieeffizienzklasse

Name oder Marke des Herstellers, Typenbezeichnung

Gesamtnutzinhalt aller Tiefkühlfächer (Fächer mit Sternekennzeichnung)

Gesamtnutzinhalt aller Kühlfächer (Fächer ohne Sternekennzeichnung

Station 1

Politik – nicht mitmachen, gilt nicht!

Name: ____________________

„Politiker machen nur leere Versprechungen!“

„Politiker sind rechthaberisch, machtorientiert, streitsüchtig, arrogant und unehrlich!“

„Politiker sind unglaubwürdig – sie schieben die Schuld an Fehlern immer anderen zu!“

„Politik ist zu langweilig. Sollen die doch machen, was sie wollen. Es ändert sich doch sowieso nichts!“

Aufgabe 1

Welche Ansichten teilst du und welche nicht? Begründe. Verweise, wenn möglich, auf politische Ereignisse, die ein großes Medieninteresse verursacht haben.

Aufgabe 2

Lies den Text aufmerksam durch und bearbeite folgende Aufgabenstellungen.

„60 Jahre nach Gründung der Bundesrepublik Deutschland besteht kein Zweifel, dass sich unsere Demokratie bewährt hat. Dennoch: Sie ist kein ‚Selbstläufer‘, die zurückgehende Wahlbeteiligung in unserem Land zeigt das. Darum ist es wichtig, immer wieder neu für die Demokratie zu werben, deutlich zu machen, welche Errungenschaften mit ihr verbunden sind: die Achtung der Menschenrechte, die Meinungsfreiheit und auch das Recht auf freie, geheime und gleiche Wahlen, um nur einige Beispiele zu nennen. Es ist wichtig, dass gerade junge Menschen, denen die Erfahrungen von Diktatur und Gewaltherrschaft erspart geblieben sind, den Wert von Demokratie erkennen.“

Armin Laschet, Minister für Generationen, Familie, Frauen und Integration in NRW, 2005 bis 2010

a) Erkläre mit eigenen Worten die These von Laschet, dass Demokratie kein „Selbstläufer“ sei.

b) Auf was können wir in Deutschland stolz sein? Unterstreiche die Textstellen, die eine Antwort auf diese Frage geben.

c) Warum ist es laut Laschet wichtig, dass insbesondere junge Menschen den Wert der Demokratie erkennen? Erläutere.

d) Kennst du Gruppen und Vereinigungen, die die Demokratie gezielt bekämpfen?

e) „Politik heißt Verantwortung übernehmen“. Dieser Aufruf gilt nicht nur für Politiker. Überlege, welche Möglichkeiten es gibt, sich politisch zu engagieren. Was können auch Kinder und Jugendliche tun?

Station 2

Über 60 Jahre deutsche Verfassung

Name: ______________________

Aufgabe 1

Die deutsche Verfassung ist auch unter einem anderen Namen bekannt. Setze folgende Buchstaben richtig zusammen.

S – Z – R – D – E – G – U – E – T – N – G

Die Verfassung wir auch **G**______________________ genannt.

Aufgabe 2

Vervollständige den Text.

In der Verfassung der Bundesrepublik Deutschland, die am 23. Mai ____________ in Kraft trat, werden zunächst die Menschenrechte, auch „Die ____________________" genannt, aufgeführt. Diese lassen sich einteilen in Unverletzlichkeitsrechte, F______________rechte und Gleichheitsrechte (Artikel 1 bis ________).

Aufgabe 3

Viele Nachrichten in den Medien haben einen Bezug zu den o. g. Rechten. Prüfe, welche Artikel des Grundgesetzes in folgenden Schlagzeilen angesprochen werden. Notiere.

1) Erzieher verbietet Schülern das Tragen von Baggy Pants

Artikel ______

2) Rentner öffnet heimlich die Briefe seiner Nachbarin

Artikel ______

3) Tausende demonstrieren friedlich gegen Atomkraft

Artikel ______

4) NPD: „Deutschland den Deutschen – Asylbewerber raus!"

Artikel ______

5) Schwerverbrecher öffentlich zur Schau gestellt

Artikel ______

6) Lehrer unterrichtet gegen seinen Willen das Fach Religion

Artikel ______

Station 3

Der Bund und die Länder

Name:

Aufgabe

Finde zu jedem Satzanfang das passende Ende. Trage den jeweiligen Buchstaben in die Lösungszeile ein und du erhältst ein Lösungswort.

1	Die Bundesrepublik Deutschland ist ein Bundesstaat. So wird der Zusammenschluss …	… ernennt und entlässt die Landesminister.	D
2	Der Bundesstaat besteht aus 16 Bundesländern mit jeweils einer eigenen …	… einheitlich vom Bund geregelt. Dies sind z. B. die Bereiche Polizeiwesen, Kultur- und Bildungspolitik.	A
3	Der Ministerpräsident ist der Chef einer Landesregierung. Er repräsentiert das Land und …	… Bund und Länder keine Einigung erzielen. Hier sei auch der Faktor Macht entscheidend.	M
4	Die Landesregierungen können nicht über alles allein bestimmen. Die politische Macht wird …	… Landesregierung. Stadtstaaten werden Berlin, Hamburg und Bremen genannt.	Ö
5	Die Machtverteilung zwischen Bund und Bundesländern wird auch …	… erforderlich. Die Artikel 20 bis 37 regeln die Beziehungen zwischen Bund und Ländern.	U
6	Wichtige Aufgabengebiete dürfen die Bundesländer selbst verwalten. Sie werden nicht …	… unterschiedlichen Bedürfnisse der Menschen in den Ländern berücksichtigt werden können.	S
7	Über Bereiche der Politik, die den gesamten Staat betreffen, bestimmt der Bundestag in …	… Föderalismus genannt. Der Begriff wird vom lateinischen Wort „foedus" (Bündnis) abgeleitet.	R
8	Die Landesregierungen schicken Gesandte in den Bundesrat, um auf Bundesebene Einfluss …	… Bund und Ländern. Alle staatlichen Regelungen werden von Paris aus gelenkt.	S
9	Befürworter des Föderalismus verweisen darauf, dass mit diesem System besser die …	… von mehreren Staaten zu einem übergeordneten Gesamtstaat bezeichnet.	F
10	Gegner des föderalen Systems kritisieren, dass Entscheidungen häufig vertagt werden, da …	… Berlin. Beispiele sind die Finanz- oder Außenpolitik.	L
11	Für Veränderungen hinsichtlich des föderalen Systems ist eine Änderung des Grundgesetzes …	… aufgeteilt zwischen der Bundesregierung in Berlin („Bund") und den Regierungen der Länder.	E
12	Unser Nachbarland Frankreich ist ein Zentralstaat. Dort gibt es keine Aufteilung der Macht zwischen …	… auf die Gesetzgebung zu erhalten. Dieser kann über viele Gesetze mitentscheiden.	I

Lösungswort: ___ ___ ___ ___ ___ ___ ___ ___ ___ ___ ___ ___
1 2 3 4 5 6 7 8 9 10 11 12

Station 4

Name: ____________

Politische Parteien in Deutschland

Gesetz über die politischen Parteien (Parteiengesetz)

§ 1 Verfassungsrechtliche Stellung und Aufgaben der Parteien

(1) Die Parteien sind ein verfassungsrechtlich notwendiger Bestandteil der freiheitlichen demokratischen Grundordnung. Sie erfüllen mit ihrer freien, dauernden Mitwirkung an der politischen Willensbildung des Volkes eine ihnen nach dem Grundgesetz obliegende und von ihm verbürgte öffentliche Aufgabe.
(2) Die Parteien wirken an der Bildung des politischen Willens des Volkes auf allen Gebieten des öffentlichen Lebens mit, indem sie insbesondere auf die Gestaltung der öffentlichen Meinung Einfluss nehmen, die politische Bildung anregen und vertiefen, die aktive Teilnahme der Bürger am politischen Leben fördern, zur Übernahme öffentlicher Verantwortung befähigte Bürger heranbilden, sich durch Aufstellung von Bewerbern an den Wahlen in Bund, Ländern und Gemeinden beteiligen, auf die politische Entwicklung in Parlament und Regierung Einfluss nehmen, die von ihnen erarbeiteten politischen Ziele in den Prozess der staatlichen Willensbildung einführen und für eine ständige lebendige Verbindung zwischen dem Volk und den Staatsorganen sorgen.
(3) Die Parteien legen ihre Ziele in politischen Programmen nieder.
(4) Die Parteien verwenden ihre Mittel ausschließlich für die ihnen nach dem Grundgesetz und diesem Gesetz obliegenden Aufgaben. […]

Aufgabe 1
Im Parteiengesetz werden verschiedene Aufgaben genannt, die die Parteien in einer Demokratie erfüllen müssen. Welche sind deiner Ansicht nach am wichtigsten? Stelle schriftlich eine Rangfolge auf.

Aufgabe 2
„Ihre [die der Partei] innere Ordnung muss demokratischen Grundsätzen entsprechen.“ (Artikel 21, Absatz 1, Grundgesetz)
Was bedeutet diese Formulierung? Erläutere.

Aufgabe 3
Erstelle eine Tabelle nach folgendem Muster, in der du die Grundhaltungen der fünf bekanntesten bzw. bedeutendsten Parteien gegenüberstellst.

Grundsatzprogramme	Steuern	Arbeit u. Soziales	Familie	Gesundheit	Bildung	Umwelt u. Energie
CDU/CSU						
SPD						
FDP						
Bündnis 90/Die Grünen						
Die Linke						

Tipp: Wende dich an den jeweiligen Ortsverein/Kreisverband der Partei und bitte um einen Gesprächstermin. Die Parteiprogramme sind nicht leicht verständlich.

Aufgabe 4
Informiere dich im Internet über Parteien, die die freiheitliche demokratische Grundordnung in Frage stellen. Unterscheide zwischen links-/rechtsextrem.

Station 5

Die Wahlgrundsätze in Deutschland

Name: ______________________

Aufgabe 1

In welchem Artikel des Grundgesetzes für die Bundesrepublik Deutschland kannst du dich über die fünf Wahlgrundsätze informieren?
Kreuze an.

( ) Artikel 8 ( ) Artikel 14 ( ) Artikel 28 ( ) Artikel 38 ( ) Artikel 52

Aufgabe 2

Ordne den Wahlgrundsätzen die jeweilige Erklärung zu. Trage die Buchstaben in die Lösungstabelle ein.

allgemein	1	Stimmen: gleiche Anzahl und gleiches Gewicht	V
unmittelbar	2	Wahlberechtigung für alle volljährigen Deutschen	B
frei	3	kein Zwang, seine Wahlentscheidung zu verraten	O
gleich	4	kein Zwang zur Stimmabgabe; „freie Auswahl"	A
geheim	5	Wähler wählen selbst die Abgeordneten	R

	1	2	3	4	5
Lösung:					

Aufgabe 3

Welche Wahlgrundsätze sind in folgenden erfundenen Fallbeispielen betroffen? Diskutiert im Klassenverband. Haltet die Ergebnisse schriftlich fest.

Fall 1:
Rechtsanwalt Maier ist der Meinung, dass seine Stimme mehr zählen müsste als die eines Arbeiters.

Fall 2:
Herr Schütte ist SPD-Wähler. Sein Chef fordert ihn auf, die CDU zu wählen.

Fall 3:
Im Wahllokal erfolgt die Stimmabgabe öffentlich.

Fall 4:
Gemeinde will alle Frauen von der Wahl ausschließen.

Fall 5:
Unternehmer möchte 20 zusätzliche Stimmen kaufen.

Station 6

Name: ______________

Bundestag und Bundesrat

Aufgabe 1

Folgende Schlagzeilen geben Hinweise über die verschiedenen Tätigkeiten und Aufgaben des Deutschen Bundestages. Schreibe stichpunktartig auf.

Die Abgeordneten des Bundestages wählen Angela Merkel mit 397 zu 217 Stimmen zur Bundeskanzlerin (22.11.2005)	Bundestag stimmt zum dreizehnten Mal dem Bundeswehreinsatz im Rahmen der International Security Assistance Force (Isaf) unter Führung der NATO in Afghanistan zu (26.02.2010)
Opposition kritisiert die Pläne der Bundesregierung zur Hartz-IV-Reform	Weniger Ausgaben, weniger neue Schulden – Bundestag verabschiedet Haushalt 2011
Bundestagsabgeordneter weigert sich, den Bürgern in seinem Wahlkreis Rede und Antwort zu stehen	Norbert Lammert zum Bundestagspräsidenten wiedergewählt (27.10.2009)

____

____

Aufgabe 2

Wie setzt sich der aktuelle Deutsche Bundestag nach Mitgliedern zusammen? Notiere die Namen der Parteien und die Zahl ihrer Sitze im Bundestag.

____

____

Aufgabe 3

Vervollständige den Lückentext.

Der Bundesrat ist die Vertr________ der __________länder. Er setzt sich aus Mitgliedern der 1____ Landesregierungen zusammen. Diese entsenden, abhängig von der Einwohner________ des Bundeslandes, mindestes drei und höchstens ________ Vertreter. An der Gesetzgebung des B___________ ist der Bundesrat beteiligt. Zustimmungspflichtige G________ kann er verzögern, jedoch auch scheitern lassen. Dann versucht der Vermittlungsausschuss, einen Kompromiss zwischen Bundesrat und B___________ zu finden. Die Präsidentschaft wechselt im Jahresrhythmus.

Station 7

Bundesregierung und Opposition

Name: ____________________

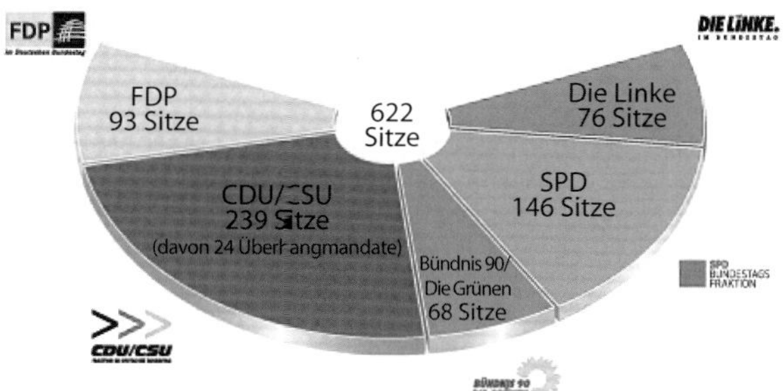

Sitzverteilung im 17. Deutschen Bundestag

Aufgabe 1

Schau dir die nebenstehende Grafik aufmerksam an. Warum konnte nach der Bundestagswahl 2009 keine Partei allein die Regierung bilden?

____

____

____

Aufgabe 2

Die Sitzverteilung erforderte 2009 die Bildung einer Koalitionsregierung. Erkläre, was man unter einer Koalition versteht.

____

Aufgabe 3

In den Jahren von 2005 bis 2009 wurde Deutschland von einer Großen Koalition regiert. Erläutere diese Besonderheit stichpunktartig.

____

Aufgabe 4

Seit der Bundestagswahl 2009 stellen CDU/CSU und FDP gemeinsam die Regierung. Welche Zusammenschlüsse wären rein rechnerisch auch möglich gewesen?

____

Aufgabe 5

Vervollständige den Lückentext.

Die Bundesregierung setzt sich aus dem Bundeskanzler und den Bundes____________ zusammen. Der Bundeskanzler wird auf Vorschlag des Bundespräsidenten vom B____________ gewählt. Er ist der Chef der Regierung und bestimmt die Richtlinien der P____________. Die Bundesminister werden nicht vom Parlament gewählt. Das R____________team stellt der Bundeskanzler selbst zusammen. Die Vereidigung der M____________ nimmt der Bundespräsident vor. Die Regierungsmitglieder (das Ka__________) treffen sich regelmäßig, um wichtige Th__________ zu besprechen.

Station 7

Bundesregierung und Opposition

Name: ______________________

Aufgabe 6

Erstelle eine Tabelle, in der du alle Bundesministerien auflistest. Notiere auch die Namen der zuständigen Minister.

Aufgabe 7

Suche nach Erklärungen für folgende Begriffe. Notiere Stichpunkte.

Kanzlerprinzip: ____

Ressortprinzip: ____

Kollegialprinzip: ____

Aufgabe 8

Was gehört zusammen? Schraffiere mit zwei Farben deiner Wahl.

an der Regierung beteiligte Parteien	Mehrheit	Opposition
nicht an der Regierung beteiligte Parteien	Regierungslager	Minderheit

Aufgabe 9

Die folgenden Begriffe lassen sich der Regierung, der Opposition oder beiden zuordnen. Erstelle eine Tabelle.

Kontrolle – Macht – entgegenstellen – Durchsetzungskraft – lenken – kritisieren – streiten – Rechtfertigung – Gegenvorschläge – „bessere Regierung" – Wichtigkeit

Aufgabe 10

Informiere dich über die in der Verfassung verankerten Rechte der Opposition. Fertige ein Kurzreferat zu folgenden Bereichen an: Große/Kleine Anfrage, Fragestunde, Untersuchungsausschuss, Verfassungsklage

Aufgabe 11

Beantworte folgende Fragen.

a) Wer sind die beiden in der Karikatur abgebildeten Personen? Welches Amt haben/hatten sie?
b) Was sagt die Karikatur über die Ziele bzw. Absichten der Opposition aus? Tipp: „Ich will hier rein!" (Zitat)

Früh übt sich, wer ein Kanzler werden will.

Station 8

Name: ____________

Die Träger hoher Staatsämter

In Deutschland existiert keine verbindlich festgelegte Rangordnung der höchsten Staatsämter. Als ranghöchster Repräsentant des Staates gilt jedoch der Bundespräsident.

Aufgabe 1

Die folgende inoffizielle Auflistung der fünf höchsten Staatsämter ist unvollständig. Ergänze die fehlenden Angaben.

I) Bundes____________ (Staatsoberhaupt)

II) ____________präsident (Präsident des Parlaments, gleichzeitig Präsident der Bundesversammlung, die den Bundespräsidenten wählt)

III) ________________ (Chef der Bundesregierung)

IV) Bundesrats____________ (Vorsitzender des Bundesrats)

V) ________________ des Bundesverfassungsgerichts (Oberster Richter)

Aufgabe 2

Setze die Silben zu den gesuchten Begriffen zusammen und trage die Wörter in die Lücken ein. Achte auf die Groß- und Kleinschreibung.

sitz – ein – li – ein – kanz – bun – ler – zig – tag – tung – richt – mal – des – vier – en – vor – ni – hal

a) Der Bundespräsident wird von der Bundesversammlung für fünf Jahre gewählt und kann höchstens ____________ wieder gewählt werden. Wählbar ist jeder Deutsche, der mindestens ____________ Jahre alt ist.

b) Der Bundes__________ wird auf Vorschlag des Bundepräsidenten vom Bundestag gewählt. Er hat die größte politische Macht.

c) Die ________________ der Politik bestimmt der Bundeskanzler und übernimmt dafür die Verantwortung (Richtlinienkompetenz).

d) Der Bundestagspräsident repräsentiert den Deutschen ____________ nach außen. Er leitet mit seinen Stellvertretern die Sitzungen des Parlaments.

e) Der Bundesratspräsident ist der jeweilige Chef der Landesregierung, die den ____________ im Bundesrat hat. Die Amtszeit beträgt ein Jahr (1. Nov. bis 31. Okt.).

f) Der Präsident des Bundesverfassungsgerichts ist der Chef des ranghöchsten Gerichts in Deutschland. Er wacht über die ________________ des Grundgesetzes.

1. Überall, wo Menschen zusammenleben, benötigen sie Regeln, die für alle Menschen in dieser Gemeinschaft gelten. Sie legen fest, was Recht und **Unrecht** ist. In jedem Land ist das, was Recht ist, durch **Gesetze** geregelt. Die Gesamtheit aller Regeln und Gesetze bezeichnet man als **Rechtsordnung**. Grundlage der Rechtsordnung ist in Deutschland das **Grundgesetz**, d.h. kein anderes Gesetz darf **gegen** das Grundgesetz verstoßen. Man **unterscheidet** Zivilrecht und Öffentliches Recht. Das Zivilrecht regelt das **Zusammenleben** der Bürger, es ist im Bürgerlichen Gesetzbuch (BGB) **aufgeschrieben**. Das Bürgerliche Gesetzbuch regelt Mietsachen, Kauf und Verkauf von Waren, Streitigkeiten usw. Das Öffentliche Recht regelt die Fragen zwischen dem Staat und seinen Bürgern. Hierzu gehören die Straßenverkehrsordnung, Steuergesetze, **Strafgesetze**, Jugendgerichtsgesetze usw. Da diese Gesetze dem Wohl der Bürger dienen, kann der Staat die Einhaltung erzwingen und auch **bestrafen**.

2. schwerer Diebstahl, Bandendiebstahl, schwerer Bandendiebstahl, Haus- und Familiendiebstahl, Entziehung elektrischer Energie, Diebstahl mit Waffen, Wohnungseinbruchdiebstahl, Unterschlagung, unbefugter Gebrauch eines Kfz

3.

Straftat	Tatmerkmal	StGB
M. besprüht eine Autogarage.	Sachbeschädigung	§§ 303 f.
J. beleidigt eine Lehrerin mit Schimpfwörtern und zeigt ihr den Mittelfinger.	Beleidigung	§ 185
S. nimmt eine Schlägerei heimlich auf und stellt das Video ins Internet.	Verletzung des persönlichen Lebensbereiches	§ 201
F. gerät in Wut und stößt den Kopf eines Mitschülers gegen die Tischkante, sodass er stark blutet.	Körperverletzung	§ 223
K. nimmt von N. das Handy und gibt es nicht mehr zurück.	Diebstahl	§§ 242 f.
W. probiert mehrere Jeans in der Umkleidekabine an. Dabei vertauscht sie die Preisschilder, um die teuerste Jeans billiger zu bekommen.	Betrug	§ 263
J. war beim Arzt und wird 3 Tage vom Unterricht befreit. Sie verändert die Bescheinigung auf 5 Tage.	Urkundenfälschung	§ 267
K. hat einen Kinofilm als Raubkopie heruntergeladen. Er kopiert die DVD und verkauft sie an seine Schulfreunde.	Diebstahl	§ 242 f.

1.

Rechte	Alter	Pflichten
Rechtsfähigkeit	Geburt	Schulpflicht
Kinobesuch bis 20 Uhr	6	Beschränkte Haftpflicht
Beschränkte Geschäftsfähigkeit Beschränkte Deliktfähigkeit	7	
Kinobesuch ab 12 Jahren Religionsänderung mit Elternzustimmung	12	Bedingte Strafmündigkeit JGG
Freie Religionswahl	14	
Beschäftigungserlaubnis Fahrerlaubnis Mofa Ferienjob 4 Wochen	15	Ausweispflicht
Ausweise besitzen Gaststättenbesuch bis 24 Uhr Führerschein 1b, 4, 5 Eidesmündigkeit Leichte alkoholische Getränke trinken Ehefähigkeit mit Zustimmung	16	
Volljährigkeit Volle Geschäftsfähigkeit Volle Deliktfähigkeit Prozessfähigkeit Wahlberechtigung Fahrerlaubnis Kl. 1, 3 Alkohol kaufen Ehemündigkeit	18	Schadenersatzpflicht

3.

Fallbeispiel	Antwort mit Begründung
Julie, 12 Jahre, will gegen den Willen ihrer Eltern aus der Kirche austreten. Ist das möglich?	Religionsänderung nur mit Zustimmung der Eltern.
Julian, 6 Jahre, bekommt von seiner Oma mit Wissen der Eltern 150 € geschenkt. Darf er das Geld ausgeben, wie er möchte?	J. ist nur beschränkt geschäftsfähig, er braucht die Zustimmung seiner Eltern für größere Käufe.
Jan, 17 Jahre, genießt in der Disco abends ein Bierchen. Darf er das?	Jan darf ab 16 Jahren leichte alkoholische Getränke erwerben.

Steffi, 14 Jahre, möchte lieber arbeiten als in die Schule gehen. Ist das möglich?	S. muss erst ihre Vollzeitschulpflicht erfüllen, mit 15 Jahren darf sie eine Lehrstelle/leichte Arbeit annehmen.
Chris, 16 Jahre, hat den Mopedführerschein. Von den geerbten 1500 € kauft er sich ein gebrauchtes Moped. Als die Eltern dies erfahren, wollen sie den Kauf rückgängig machen. Sind sie im Recht?	Der Kauf muss rückgängig gemacht werden. C. ist beschränkt geschäftsfähig, d.h. er darf im Rahmen seines Taschengeldes alleine Verträge tätigen.

Station 3: Wir leben in einem Rechtsstaat

Seite 12/13

1.

K	A	K	P	G	E	R	E	C	H	T	I	G	K	E	I	T	K	H	B
E	O	I	L	U	H	J	R	A	R	U	L	T	H	S	W	L	A	K	I
N	P	L	K	T	T	K	F	L	E	G	I	S	L	A	T	I	V	E	D
W	O	L	F	W	P	I	H	I	C	I	K	I	F	Y	D	J	B	I	F
J	L	E	X	E	W	M	A	C	H	T	A	U	S	U	E	B	U	N	G
B	I	T	S	S	J	A	K	L	T	O	Z	P	D	D	M	T	I	K	B
F	T	H	W	C	Y	F	K	K	S	P	E	K	E	C	O	E	L	H	U
M	I	E	Q	N	C	R	I	M	S	J	I	W	J	B	K	B	J	E	H
A	K	A	L	E	X	E	K	U	T	I	V	E	M	M	R	C	G	F	D
N	L	T	U	M	S	I	E	Q	A	H	B	S	O	O	A	B	R	G	R
Z	I	H	H	O	D	H	M	T	A	T	S	W	P	L	T	S	E	B	E
G	R	U	N	D	G	E	S	E	T	Z	D	Q	J	T	I	X	Z	O	B
F	E	J	I	J	E	I	H	B	E	A	M	C	G	R	E	A	M	P	S
U	B	A	J	K	B	T	N	D	F	S	L	O	K	E	Z	M	V	Q	E

2.

Grundgesetz	Grundlegendes Gesetz der BRD, kein anderes Gesetz darf die in diesem Gesetz beschlossenen Rechte, Pflichten, Freiheiten verletzen.
Gesetz	Gesetze sind in einem verfassungsmäßig vorgesehenen Verfahren der Volksvertretung zustande gekommenen Rechtssätze.
Verordnung	Sie stehen im Rang unterhalb eines förmlichen Gesetzes und enthalten in der Regel Detailregelungen.
Erlass	Anordnungen der obersten Verwaltungsbehörden, die nur interne Verbindlichkeit besitzt.
Satzung	Gemeinschaftlicher Beschluss einer privaten Vereinigung.

3.
siehe dazu GG § 5 Meinungs-, Informations-, Pressefreiheit

4.

Ausführende Gewalt	Gesetzgebende Gewalt	Richterliche Gewalt
Bundeswehr	Abgeordnete	Amtsgericht
Zoll	Bundesrat	Bundesver-
Finanzbeamter	Bundesregierung	fassungsgericht
Verwaltung	Landesregierung	Ländergerichte
Polizei	Landtag	Richter

Station 4: Mit dem Gesetz im Konflikt

Seite 14/15

1.

Kinder unter 7 Jahre sind **deliktunfähig**	Kinder zwischen 7 bis 14 Jahren sind deliktfähig.	Ab 14 Jahren ist der Jugendliche **strafmündig**	Zwischen dem 18. und 21. Lebensjahr entscheidet das **Jugendgericht**, ob der Täter voll strafmündig ist.
Kinder sind für einen angerichteten Schaden nicht **verantwortlich** und somit auch nicht haftbar.	Für ihr **falsches** Handeln werden die Kinder vom Gesetz nicht bestraft. Ihre Straftaten kommen aber in eine **polizeiliche** Akte. Der Schaden muss bezahlt werden.	Die Straftaten des Jugendlichen werden nach dem Jugendgerichtsgesetz bestraft. Der **Schaden** muss bezahlt werden.	Der Täter wird also nach dem Jugendgerichtsgesetz oder nach dem **Strafgesetzbuch** behandelt.

2.

Erziehungsmaßnahmen	**Zuchtmittel**	**Jugendstrafe**
• Verpflichtung zu Arbeitsstunden • Erziehungsbeistand • Arbeit im Krankenhaus • Verkehrsunterricht	• Verwarnung • Jugendarrest • Zahlung einer Geldbuße • Schadenswiedergutmachung	• Freiheitsentzug von 6 Monaten bis zu 10 Jahren

3.

Maik, 14 Jahre
- strafmündig
- Bestrafung JGG
- Schadensersatz

Benny, 13 Jahre
- strafunmündig
- keine Bestrafung nach JGG
- deliktfähig bedeutet Schadenersatz
- Polizeiakte

Maik und Benny (Gemeinsamkeiten)
- Schadenersatz

Station 5: Als Jugendlicher vor Gericht

Seite 16/17

1. Eine Gerichtsverhandlung läuft immer nach dem **gleichen** Schema ab. Die Verhandlung wird vom Richter **geleitet**, der anfangs feststellt, ob alle geladenen Personen anwesend sind. Weiter befragt er den Angeklagten zur Person. Der Staatsanwalt verliest die **Anklageschrift**. Der Angeklagte kann zu den Anschuldigungen Stellung nehmen. Der Richter befragt jetzt den Angeklagten und die Zeugen. Vor dieser Vernehmung werden die Zeugen durch den Richter belehrt, die **Wahrheit** zu sagen. Wer eine falsche Aussage macht, kann wegen **Falschaussage** (Meineid) bestraft werden (StGB § 153). Bei vielen Gerichtsverhandlungen erstellen Sachverständige Gutachten über den Angeklagten und technische Fragen (Gerichtsmedizin, Unfallhergang). Bei **Jugendstrafen** berät die Jugendgerichtshilfe das Gericht und gibt weitere **Informationen** zum jugendlichen Angeklagten. Wenn alle Aussagen, Beweise und Tatsachen verhandelt worden sind (Beweisaufnahme), tragen der Reihe nach der Staatsanwalt und dann der Verteidiger ihre Stellungnahmen und Schlussvorträge vor. Staatsanwalt und Verteidiger schlagen auch ein Strafmaß, **Freispruch** oder Verurteilung vor. Auch der Angeklagte hat jetzt noch mal die Möglichkeit, ein Schlusswort zu äußern. Nun ziehen sich das Gericht und evtl. auch zwei Schöffen zur Beratung zurück. Die **Schöffen** beraten den Richter bei der Urteilsfindung und der Höhe des Strafmaßes. Zum Schluss spricht der Richter das Urteil im Namen des **Volkes**. Der Verlauf der Gerichtsverhandlung wird vom **Protokollführer** schriftlich festgehalten.

2.

Richter	Er leitet die Gerichtsverhandlung. In seiner Entscheidung zur Urteilsfindung ist er nur an das geltende Gesetz gebunden. Niemand darf ihm Anweisungen geben. Er verkündigt das Urteil.
Schöffe	Die Schöffen beraten den Richter bei der Urteilsfindung.
Staatsanwalt	Er versucht die Schuld des Angeklagten zu beweisen und beantragt eine Strafe.
Verteidiger	Er vertritt die Interessen des Angeklagten und ist bestrebt, ein niedrigeres Strafmaß zu erzielen.
Zeugen	Sie helfen bei der Wahrheitsfindung durch ihre Aussage. Sie sind zur Wahrheit verpflichtet.
Sachverständiger	Er hat den Status eines Zeugen und gibt Begutachtungen zu Sachlagen oder Personen ab.
Jugendgerichtshilfe	Sie berät das Gericht und gibt Informationen zum Jugendlichen.
Reporter	Er berichtet für TV, Radio oder Zeitung aus dem Gerichtssaal für die Öffentlichkeit.
Protokollführer	Er schreibt für das Gericht zur Verhandlung ein wortgenaues Protokoll.
Zuhörer	Sie hören der Gerichtsverhandlung zu und stellen Öffentlichkeit her.

3.

Richter	eröffnet das Verfahren, befragt den Angeklagten zur Person
Staatsanwalt	verliest die Anklageschrift
Angeklagter	kann Stellung nehmen
Richter / Zeugen	belehrt die Zeugen zur Wahrheitsplicht/Zeugenaussagen
Staatsanwalt	hält Schlussvortrag, beantragt eine Bestrafung
Verteidiger	hält Schlussvortrag, beantragt evtl. geringere Strafe
Angeklagter	Schlusswort
Gericht	Urteilsberatung
Richter	spricht Urteil im Namen des Volkes
§§	Urteil

Station 6: Ist hier alles nur verboten?

Seite 18

Fallbeispiel	Verstoß gegen das JUSchG ja / nein	Begründung Paragraf / Absatz
Ein Kinderheim veranstaltet für ihre 15, 16 und 17 Jahre alten Jugendlichen einen Kegelabend in einer Gaststätte. Gegen 1:00 Uhr findet der letzte Durchgang statt.	nein	§ 4 (1), (2) Jugendliche werden von personensorgeberechtigten bzw. erziehungsbeauftragten Personen begleitet.
Der 14-jährige Nicki und seine Eltern nehmen in einem Restaurant gegen 20:00 Uhr eine Mahlzeit zu sich. Nicki trinkt zum Essen ein Bier.	nein	§ 9 (2), Nicki wird von seinen Eltern begleitet. Daher darf er Bier konsumieren.
Julia, 17 Jahre, besucht in Begleitung ihrer drei Jahre älteren Freundin eine Discothek. Um 2:00 Uhr vereinbaren die beiden jungen Frauen, noch eine Stunde zu bleiben.	ja	§ 5 (1), Die ältere Freundin ist keine personenberechtigte oder erziehungsbeauftragte Person.
Der 16-jährige Tim wird von seinem Vater gebeten, für den Geburtstag der Tante Weinbrandpralinen zu besorgen. Beim Discounter kauft Tim drei Schachteln.	ja	§ 9 (1), Auch geringfügige Mengen brantweinhaltigen Alkohols dürfen nicht an Minderjährige verkauft werden.
Diana, 14 Jahre, raucht regelmäßig mit ihrer Mutter zu Hause in der Küche.	nein	§ 10 bezieht sich nur auf das Rauchen in der Öffentlichkeit.

Ein Gastwirt stellt frei zugängliche Zigarettenautomaten auf.	ja	§ 10 (2), Die Automaten müssen vor dem Zugriff von Kindern und Jugendlichen durch technische Vorrichtungen gesichert werden.
Die 10-jährige Diana besucht eine Kinovorstellung mit ihrem Vater. Der Film ist freigegeben für Kinder und Jugendliche ab 12 Jahren.	nein	§ 11 (2), In Begleitung der Eltern dürfen Kinder ab sechs Jahren auch freigegebene Filme ab 12 Jahren anschauen.
Armin, 15 Jahre, schaut sich in Begleitung seiner Eltern in einer Videothek um. Dort werden Filme und Spiele mit dem Etikett „Keine Jugendfreigabe" angeboten.	ja	§ 12 (3), Bildträger mit Kennzeichnung „Keine Jugendfreigabe" dürfen Minderjährigen nicht angeboten, überlassen oder sonst zugänglich gemacht werden.

Station 7: Mit Vollgas in die Arbeitswelt?

Seite 19

Fall 1:

1) § 8 Dauer der Arbeitszeit, § 11 Ruhepausen, § 14 Nachtruhe, § 15 Fünf-Tage-Woche und §16 Samstagsruhe

2) 1. Woche: zusätzliche Pause von 15 Minuten am Vormittag
   2. Woche: 1 Tag aus dem Dienstplan streichen und 1. Pause um 5 Minuten verlängern
   3. Woche: Nachtarbeit ist bei den vorgegebenen Dienstzeiten verboten.

Fall 2:

1) § 22 Gefährliche Arbeiten

2) körperliche Überbelastung, Ignoranz und Verantwortungslosigkeit, zweifelhafte Motivation (Aussicht auf Ausbildungsplatz), Aufenthalt in einem Erotik-Shop, freier Zugang zu jugendgefährdendem Material

Station 8: Kaufen – nach Lust und Laune?

Seite 20/21

1. Lösung: **KAUFEN**

2.
Verträge, die von **Minderjährigen**, d. h. im Alter von 7 bis 17 Jahren, abgeschlossen werden, sind gemäß § 110 BGB nur wirksam, wenn der Einkauf bzw. Vertragsabschluss mit ihnen zur Verfügung gestellten Mitteln getätigt wird. Hinzu kommt auch, dass die **Geschäftsfähigkeit** in einem vernünftigen Rahmen ablaufen muss. Minderjährige dürfen lediglich (Kauf-)Verträge ohne **Zustimmung** der Erziehungsberechtigten abschließen, wenn sie daraus einen Vorteil beziehen. Vertragsabschlüsse, aus denen **Pflichten** hervorgehen (Kaufen ⇨ Bezahlen, Kredit ⇨ Tilgung durch Raten, Leihe ⇨ Rückgabe), sind unwirksam. Erhalten Minderjährige Geld zu ihrer freien **Verfügung** (Taschengeld), so erklären Erziehungsberechtigte ihr grundsätzliches Einverständnis, dass das Geld auch ausgegeben werden darf. Da Kinder und Jugendliche zum **Umgang** mit Geld und zur Selbstständigkeit angeleitet werden sollen, ist demnach nicht für jeden **Vertrag** des Kindes bzw. Jugendlichen eine Zustimmung erforderlich. Erziehungsberechtigte haben jedoch immer noch die Option, ein Geschäft rückgängig zu machen, wenn dieses die finanziellen **Möglichkeiten** ihres Kindes übersteigt oder z. B. mit Gefahren (Luftgewehr u. Ä.) verbunden ist.

Fall 1:
Jan hat zusätzlich zu seinem ersparten Taschengeld einen Betrag in Höhe von 400 € von seinem Sparbuch abgehoben, um sich ein Fernsehgerät zu kaufen. Die Eltern können die Zustimmung zu diesem Kauf verweigern, da es sich um ein relativ kostenintensives Geschäft handelt, bei dem der normale finanzielle Spielraum eines 15-jährigen Jugendlichen gesprengt wird.

Fall 2:
Der Kassierer ist im Unrecht. Er darf der 13-jährigen Nele den Kauf der CD nicht verweigern, da sie diesen mit dem ihr zur Verfügung gestellten Taschengeld tätigen möchte. Der Betrag in Höhe von 16,99 € übersteigt nicht Neles finanzielle Möglichkeiten.

Station 1: Was geht mich Sucht an?

Seite 23

3.
Sucht ist eine krankhafte und zwanghafte Abhängigkeit von Stoffen, Dingen und Verhaltensweisen. Man kann das, was man konsumiert, nicht mehr **kontrollieren**. Süchtige können nicht mehr aufhören, **regelmäßig** legale Drogen (Alkohol, Nikotin, Medikamente) und illegale Drogen (Cannabis, Heroin, Kokain, Ecstasy usw.) zu sich zu nehmen, obwohl sie wissen, dass es **ungesund** ist und ihnen schadet. Diese stoffgebundenen Süchte führen bis zu körperlichen **Abhängigkeiten**.
Stoffungebundene Süchte (Spiel-, Kauf-, Ess- und Brechsucht oder langes Fernsehen, Chatten und Computerspielen) haben den zwanghaften Drang zu immer **wiederkehrenden** Verhaltensweisen.
Suchtkranke haben ein fast **unbezwingbares** Verlangen nach der Einnahme der Droge oder Wiederholung der Verhaltensweise. Mit zunehmender Zeit wird die **Dosis**/Wiederholung erhöht und es entwickelt sich eine seelische und oft auch **körperliche** Abhängigkeit.
Gerade Dinge, die man täglich macht oder isst, sind auf Gewohnheiten zurückzuführen. Nicht immer kann man beurteilen, ob das gute oder schlechte **Angewohnheiten** sind. Aus einem abendlichen Gläschen Wein, einem Spiel nach der Schule oder zwischendurch mal einer **Zigarette** kann schnell eine Sucht entstehen – oft ganz unbemerkt. Erst wenn du mit dieser alten Gewohnheit **brichst**, bekämpfst du die Sucht.

Station 2: Alkohol – im Teufelskreis gefangen

Seite 25

a) In dem Lied wird verdeutlicht, dass es sich bei Alkoholmissbrauch um ein großes gesellschaftliches Problem handelt. Der Erzähler berichtet über die zerstörerischen Auswirkungen der Alkoholsucht: Leiden der Frau/Lebensgefährtin, Zerstörung der Beziehung/Ehe, Ruinierung der Gesundheit, psychische Auffälligkeiten, Zusagen, die nicht eingehalten werden

b) Kleine, flache Flasche – meist gefüllt mit hochprozentigen alkoholischen Getränken.

c) „Ich wollte nichts trinken, ich weiß es – ja, doch dann war diese Angst wieder da."
„Glaubst du, es macht Spaß, auf die Toilette heimlich zu rennen?"
„Schnaps macht mich zum starken Mann."
„Am nächsten Tag, ich schäme mich mal wieder. Mein Spiegelbild, ich sehe schon nicht mehr hin."

d) Er fühlt sich derart geschwächt, hilflos wie ein Kind, hat bereits Schwierigkeiten, die Kaffeetasse zu halten.

e) „Komm, dreh dich um, Marie, und wein nicht in die Kissen."
„... auf die Toilette heimlich zu rennen."
„Du klagst mich an, Marie, und ich verspreche dir dann wieder. Kein Tropfen mehr – du sagst: Alles in den Wind."

f) „Schnaps macht mich zum starken Mann"
Der Alkoholkonsum lässt ihn kurzfristig die Probleme vergessen. Er fühlt sich selbstbewusst und stark.
„Alles in den Wind"
Die Frau konfrontiert ihn mit der bitteren Wahrheit. Ihr Mann/Lebensgefährte kann sich nicht allein aus dem zerstörerischen Teufelskreis des Alkoholmissbrauchs befreien. Sie kann seine Versprechungen nicht mehr ernst nehmen, da er sein Verhalten ja doch nicht ändern wird.

g) Infotelefone, Suchtberatungsstellen, Selbsthilfegruppen wie die Anonymen Alkoholiker, Haus-/Fachärzte

Station 3: Glimmstängel – Hauptsache cool

Seite 26–28

1.

Gründe, warum Jugendliche rauchen	Gründe, nicht zu rauchen
Eltern rauchen	schmeckt nicht
Cliquenzwang	weniger Geld
Frust, Stress	höhere Lebenserwartung
entspannt	keine Abhängigkeit

2. S = Herzinfakt
S = Nierenkrebs
D = Verminderter Geruchssinn
S = Lungenkrebs
D = Weniger Geld
D = Schlechter Atem
S = Falten
D = Hustenanfälle
S = Schlaganfall
S = Mundkrebs
D = Verminderter Geschmackssinn
S = Kehlkopfkrebs
D = Gelbe Zähne
D = Abhängigkeit
S = Blasenkrebs
D = Durchblutungsstörungen

3. 1E, 2G, 3A, 4F, 5D, 6B, 7C

4.
Bei den 12- bis 17-Jährigen ist ein starker Rückgang der Raucherquote zu verzeichnen; beide Gruppen (Mädchen und Jungen) rauchen weniger. Gründe sind zu suchen in den enorm hohen Kosten, den Anti-Rauch-Kampagnen und auch in den Aktionen der Schulen mit generellem Rauchverbot.

5. a) 7,87 €, **b)** 98 Tage, **c)** 3 695,62 €

Station 4: Zocken und chatten nonstop

Seite 29/30

1. a) hoher Stellenwert, Lebensmittelpunkt

b) nur einen Bruchteil der Zeit, die er am PC sitzt

c) Er fühlt sich „getrieben", sieht sich in der Pflicht (Verbesserung seines Levels), aber auch gut. Wenn er nicht am Computer sitzt, ist er gelangweilt und teilnahmslos.

d) Abkapselung von der Familie, pflegt keine echten Freundschaften, ungesunde Ernährung und Bewegungsmangel (mögliche Gewichtszunahme), einseitiger Tagesablauf (ausnahmslos Medienkonsum), sehr bedenklich, es ist eine echte Sucht.

e) Kinder, Jugendliche, Eltern und andere Erziehungsberechtigte können sich bei Erziehungsfragen und bei persönlichen oder familienbezogenen Problemen an Erziehungs- und Familienberatungsstellen wenden. Die Mitarbeiterinnen und Mitarbeiter dieser Einrichtungen haben die Aufgabe, zusammen mit den Ratsuchenden deren Probleme zu klären und nach Lösungen zu suchen.

2. 1E, 2C, 3A, 4B, 5D, 6G, 7F

3.
Du kannst nicht aufhören, obwohl du das möchtest. Das **Verlangen** ist einfach zu groß.
Du brauchst den PC, um gut drauf zu sein. In der virtuellen Welt der Spiele bist du Teil einer **Gemeinschaft**, stark und viele haben **Respekt** vor dir. In der Realität hast du diese Gefühle nicht.
Du denkst nur an den **Computer**, auch wenn du nicht vor dem PC sitzt. Sogar im Unterricht denkst du über **Spielstrategien** nach.
Ohne Computer bist du **unruhig** und gereizt; auch flippst du schnell aus.
Im Unterricht fällt dir das **Konzentrieren** immer schwerer. Deine Noten **rutschen** immer mehr ab.
Manchmal **schwänzt** du sogar die Schule, nur um länger vor dem PC sitzen zu können.

Station 5: Volkskrankheit Fettleibigkeit

Seite 32

a) Jeder zweite Mensch in der Hälfte aller Mitgliedsstaaten der OECD ist laut einer Studie zu dick, also kann man schon von einer Volkskrankheit sprechen.
b) „Die OECD befürchtet, dass Fettleibigkeit zu einer Epidemie und zugleich zum größten Feind der Gesundheitssysteme wird. Jeder zweite ist bereits heute in der Hälfte der Mitgliedsländer zu dick. Diese Zahlen – und die Kilos – steigen weiter an. In zehn Jahren werden schon zwei von drei Leuten zu dick sein."
„(…) aufgrund des Übergewichts fallen Dicke statistisch gesehen tatsächlich öfter aus, sind krank (…)"
c) Der besondere Stellenwert der gemeinsamen Essenszeiten in der Familie ist verloren gegangen. Man kann sich heute praktisch an jeder Ecke selbst versorgen, bevorzugt mit Fast-Food-Produkten. Außerdem bewegen sich die meisten Menschen heute zu wenig. Gewichtszunahme ist zumeist die Folge.
d) Menschen mit einem höheren Bildungsabschluss wird unterstellt, dass sie sich verantwortungsbewusster ernähren bzw. sich der negativen Folgen einer ungesunden Ernährung bewusst sind.
e) „Und Kinder, bei denen mindestens ein Elternteil zu dick ist, haben ein drei- bis viermal höheres Risiko, ebenfalls übergewichtig zu werden."
f) Übergewichtigen Menschen wird nachgesagt, dass sie weniger produktiv und öfter krank seien und über ein geringes Arbeitstempo verfügen.
g) BMI = 29 (übergewichtige Person)

Station 7: Staatliche Sucht- und Drogenpolitik

Seite 34/35

1.
Prävention/Vorbeugung:
Aufklärungsarbeit
- Früherfassung von drogengefährdeten Jugendlichen
- Verminderung der Zahl neueinsteigender Drogenkonsumenten
- Verminderung der Nachfrage nach Drogen

Therapie/Rehabilitation:
- Ausstieg aus der Drogenabhängigkeit
- Vermittlung dauerhafter Strategien zur Problembewältigung
- Wiedereingliederung in den sozialen und beruflichen Alltag

Überlebenshilfe für nicht therapierbare Abhängige:
- Vermeidung von Todesfällen
- Ersatzprogramme (Verabreichung von Methadon und Heroin unter ärztlicher Kontrolle)
- Verbesserung der Lebensqualität

Bekämpfung der Kriminalität:
- Bekämpfung des Drogenhandels
- Verminderung der Zahl der Neueinsteiger
- Bestrafung von Drogendelikten (Beschaffungskriminalität)

2. Erkrankung durch Drogenkonsum (hoher Kostenfaktor für die Krankenkassen), soziale Beziehungen werden zerstört (Familienleben, Verlust des Arbeitsplatzes usw.), Beschaffungskriminalität (Diebstahl, Dealen, Prostitution)

3. Übergeordnete Zielsetzung ist die Gesundheitsvorsorge und Gesundheitserhaltung

5. Diese Präventionsprogramme bieten mit ihren Websites eine ständige Verfügbarkeit in einem Medium, das den Jugendlichen bekannt ist. Das Ziel ist die Stärkung des Selbstbewusstseins von Kindern und Jugendlichen, damit sich diese im Zweifelsfall eher für ihre Gesundheit entscheiden.

Station 8: Karikaturen zum Thema Sucht — Seite 36

1.

1. Verzerrte Wirklichkeit, 2. Schaden und „Nutzen" des Rauchens, 3. Familienleben war einmal, 4. In der Spielewelt gefangen

2. a) *Individuelle Schülerantworten*

b) 1. Besonders Mädchen und junge Frauen finden sich oft zu dick und neigen zu Essstörungen. Für junge Menschen, die auf der Suche nach einer eigenen Identität sind, ist es schwer, sich dem Schönheitsideal der Gesellschaft zu entziehen.

2. Rauchen ist alleiniger Verursacher oder wesentlicher Risikofaktor ernsthafter Erkrankungen.

3. Die zerstörerische Wirkung des Alkohols. Die gesamte Familie leidet unter der Alkoholsucht.

4. Der zwanghafte Drang, sich täglich und möglichst oft mit dem Computer oder der Spielekonsole zu beschäftigen, kann zu einem dramatischen Realitätsverlust führen.

c) *Individuelle Schülerantworten*

Station 1: Vielfältige Lebensformen — Seite 37

2. a)
Es gibt unterschiedlichste Familienformen. Gemeinsamkeit: freiwilliges Zusammenleben, um Liebe, Geborgenheit, Vertrauen u. Sicherheit zu finden.

b) Die traditionelle Familie verliert an Bedeutung; es gibt viele unterschiedliche Familienformen, unter anderem auch Alleinerziehenden.

Station 2: Was bietet die Familie? — Seite 38

1.

Wilde Kinder	Kinder in Familien
körperliche Diskrepanzen, Vierfüßlergang	aufrechter Gang
tierähnliche Laute, Keuchen, Heulen	menschliche Sprache
Essen mit hängendem Kopf	aufrechte Essensaufnahme
aggressiv	geringe Aggression
Mund auf, Zunge hängt heraus	Werte, Normen
menschenscheu	Liebe
verstehen Tiere und sprechen mit ihnen	

Station 3: Staatliche Familienpolitik

Seite 39

1. Familie steht unter besonderem Schutz, Eltern haben ein Erziehungsrecht, Trennung von den Kindern nur aus besonderen Gründen, Mutterschutz, Gleichstellung von unehelichen Kindern.

2. Haushalte ohne Kinder wachsen, mit Kindern sinken; weniger Kinder bedeuten für den Staat weniger Arbeitnehmer, weniger Steuereinnahmen, weniger Rentenzahler.

3. Kindergeld und Freibeträge, Mutterschutz, Mutterschaftsgeld, Elternzeit, Erziehungsgeld, Elterngeld, Kinderzuschlag, Recht auf Kinderbetreuung. Damit will der Staat erreichen, dass die Geburtenrate wieder steigt.

Station 4: Es geht um Vertrauen

Seite 40

3. a) Vertrauen ist gut, **Kontrolle ist besser**
b) Jemandem **blind** vertrauen
c) Für jemanden die Hand **ins Feuer legen**
d) Jemandem auf den Leim **gehen**
4. a) Vertrauensmissbrauch, folglich: „Zügel werden angezogen", zunehmende Kontrolle
b) Stärkung des Vertrauens, mehr Zugeständnisse aufgrund von Verlässlichkeit

Station 5: Toleranz heißt nicht Gleichgültigkeit

Seite 41

1.
Der Begriff Toleranz kommt aus dem Lateinischen. Dieser beinhaltet die Forderung, dass man auch andere Anschauungen, Meinungen und Haltungen neben seiner eigenen Sicht gelten lässt. Es ist ein Grundrecht, dass Menschen aufgrund ihrer Verschiedenheit in unserem Staat unter Berücksichtigung der geltenden Gesetze nach ihren Vorstellungen leben dürfen.

4. siehe Erklärung von Prinzipien der Toleranz:
http://www.unesco.de/erklaerung_toleranz.html

Station 6: Zivilcourage zeigen

Seite 42

2. Dominik B. ist für seine Überzeugung eingetreten, dass Schwächeren bzw. Menschen in Not Unterstützung gewährt werden muss. Diese Haltung wird als Zivilcourage bezeichnet. In Anbetracht der Tatsache, dass es in der geschilderten Situation keinen Mitmenschen mit dem gleichen Selbstverständnis in seiner Nähe gab, wurde es den Jugendlichen ermöglicht, die S-Bahn unbehelligt zu verlassen und einen wehrlosen Menschen brutal mit Tritten und Schlägen zu attackieren, die kurze Zeit später zum Tod führten.

Station 7: Rote Karte gegen Rassismus

Seite 43

1. *Mögliche Gedanken*
Erlebnis 1: Jugendliche werden provozieren, Geld erpressen, zuschlagen
Erlebnis 2: Krimineller, Drogendealer, Zuhälter
Erlebnis 3: Wohnung soll nicht an Ausländer vermietet werden (Mietrückstände, Verwahrlosung, Zerstörung u.a.)

2. *Mögliche Antworten*
Erlebnis 1: Kapuzen als Mütze, es ist verdammt kalt an diesem Abend
Erlebnis 2: cooler Typ, hat Karriere gemacht und viel Geld verdient
Erlebnis 3: Wohnung ist tatsächlich bereits vermietet

3. „Viele Ausländer sind illegal in Deutschland. Die Behörden dulden das."
„Die Ausländer nehmen uns die Arbeitsplätze weg. Deswegen: Ausländer raus!"
„Ausländische Schüler sind viel aggressiver als deutsche."
„Ausländer sind meist Kriminelle."

Station 8: „Du Spasti, Opfer, Missgeburt ..."

Seite 44

2. Der Moderator hält „Bitch" nicht für eine Beleidigung, da dieser Begriff in der Jugendsprache eine andere Bedeutung habe (der Moderator ist jedoch älter als 50 Jahre!). Der Begriff wird dort als Ausdruck für eine unabhängige und unangepasste Frau benutzt.

3.

Äußerung	Bedeutung Jugendsprache	Etablierte Sprache
Spasti(ker)	Spinner, Depp, Narr	Behinderter Mensch, der unter Muskelkrämpfen leidet
Opfer	Idiot, Trottel	durch ein Verbrechen geschädigte Person
Jude	Verlierer, Versager	Angehöriger des jüdischen Volkes und der jüdischen Religion

Station 1: Auskommen mit dem Einkommen

Seite 45/46

1. a) Bruttoeinkommen: Der Lohn oder das Gehalt, der/das dem Arbeitnehmer vom Arbeitgeber bezahlt wird.
   b) Nettoeinkommen: Das verfügbare Einkommen, das dem Arbeitnehmer nach Abzug der Steuern und Sozialabgaben bleibt.
2. Monatliche Einnahmen Summe: 1 430 €
   Monatliche Ausgaben Summe: 1 342 €
   Summe (+ / –): + 88 €

3.

a) Peter Müller hat ca. 1 430 € pro Monat zur Verfügung.

b) In der Regel wird bei dieser Art der Nebentätigkeit nach Stunden abgerechnet. Im Krankheitsfall z. B. besteht kein Anspruch auf Lohn. Daher handelt es sich nicht um eine „sichere" Einnahmequelle.

c) Vielen Menschen reicht der feste monatliche Lohn nicht mehr zum Leben. Sie verdienen zusätzliches Geld durch Nebenjobs.

d) riskante Haushaltsplanung, da Nebenverdienst voll eingerechnet wird; keine Rücklagen; großzügiger Lebensstandard, hier gibt es Einsparmöglichkeiten (negative Kritik)

arbeitet zusätzlich, um sich Lebensstandard leisten zu können und keine Schulden zu machen (positiver Aspekt)

e) gespartes Geld für Kosten, die unerwartet auftreten (Autoreparatur, notwendige Neuanschaffungen – Haushaltsgeräte u. Ä.), oder Krankheitsfall (keine Nebentätigkeit möglich)

f) Man sollte seine finanziellen Möglichkeiten nicht überschreiten.

g) Versuchungen sind groß (moderne Handys, Markenkleidung, schnelle Autos, Dispokredite, Ratenzahlungen usw.)

Station 2: Thema „Bankgeschäfte" — Seite 47/48

1. Jeder Mensch sollte seine Bedürfnisse befriedigen, ohne sich Sorgen um die Finanzierung zu machen. Das ist mit einem Kredit kein Problem.

2. Die Versuchungen im Alltag sind groß. Oft besteht ein Gruppenzwang. Jugendliche und junge Erwachsene haben nicht ausreichend gelernt, planvoll und verantwortungsvoll mit ihrem Geld umzugehen. Sie haben auch noch keine negativen Erfahrungen mit Krediten, Ratenzahlungen etc. gemacht.

3. a) Wirtschaften bedeutet planvolles **Handeln**, um **Bedürfnisse** zu befriedigen.
Sind meine Ausgaben höher als meine Einnahmen, mache ich **Schulden**.
Banken und Sparkassen werden auch **Kreditinstitute** genannt.

b) Anschaffungen, die über einen Kredit finanziert werden.

c)

Einkommen aus Geldbesitz	**Einkommen aus Arbeit**	<u>Einkommen aus Bodenbesitz</u>

Gehalt | **Sold** | **Gage** | <u>Pacht</u> | *Dividende*

<u>Miete</u> | **Lohn** | **Honorar** | *Zinsen*

d) ein Girokonto

e) EC-Karte, Kreditkarte, Überweisung

f)

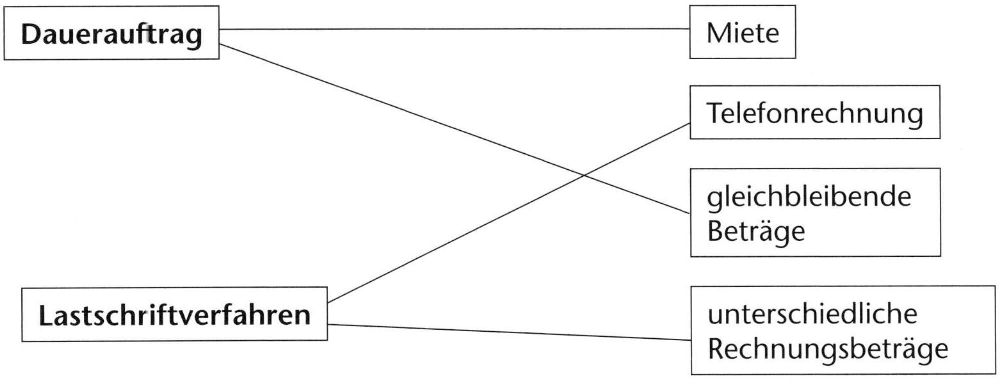

g)
Soll und Haben: Ein Konto hat zwei Seiten. Die linke Seite wird als „Soll" (Abkürzung „S") bezeichnet, die rechte als „Haben" (Abkürzung „Haben"). Auf der linken Seite wird vom Konto etwas weggenommen, auf der rechten Seite wird etwas hinzugefügt. Abbuchungen werden auf einem Kontoauszug mit einem „S", Gutschriften mit einem „H" gekennzeichnet. Dispokredit: Ein D. ist eine betraglich begrenzte Überziehungsmöglichkeit auf einem Girokonto.

Station 3: Verkaufstricks widerstehen

Seite 49/50

1.

	1.	2.	3.	4.	5.	6.	7.	8.	9.	10.	11.	12.
Lösung:	M	A	N	I	P	U	L	A	T	I	O	N

2. Manipulation bedeutet, dass die psychologischen Tricks unser Verhalten beeinflussen. Bei Verkaufstricks heißt das: Wir kaufen häufig mehr als geplant, auch Dinge, die wir überhaupt nicht benötigen.

3. Kunde soll sich möglichst lange im Laden aufhalten und jeden Gang betreten; bei versteckten oder schlecht zu lesenden Preisen kaufen die Kunden eher das, was ihnen gefällt; Umräumen hat zur Folge, dass die die Kunden länger suchen müssen und somit auf andere Produkte stoßen; Kinder haben eine große Kaufkraft und beeinflussen häufig die Kaufentscheidungen ihrer Eltern; Süßigkeiten werden im ganzen Laden platziert, damit sie einem immer wieder ins Auge fallen und letzlich im Einkaufswagen landen; Kleinigkeiten zum Mitnehmen befinden sich in Kassennähe (Quengelzone), quengelnde Kinder beeinflussen ihre Eltern („um des lieben Friedens willen").

4.

a) Faktoren, die das Kaufverhalten fördern:
Hunger, Hektik, leerer Kühlschrank, kein Einkaufszettel
Ratschläge: nicht mit leerem Magen einkaufen gehen; Einkauf planen (Einkaufszettel); über ausreichend Zeit verfügen

b) Duftfalle (Aromadüfte des Obstes regen den Appetit an); Probierstände; Großpackungen werden unkritisch als preisgünstig bewertet; Preis wird nicht beachtet, gekauft wird, was einem gefällt; Waren in Kassennähe regen zum Mitnehmen an.

Station 4: Auf die Verpackung kommt es an

Seite 51

1. Schutzfunktion, Verkaufsfunktion, Informationsfunktion
2. a) **P**apier b) **A**luminium c) **M**etall
   d) **G**las e) **K**unststoff f) **V**erbundstoffe
3. Tipps zur Müllvermeidung: Vermeidung von portionsweise abgepackten Lebensmitteln; Getränke nicht in Dosen und Einwegflaschen kaufen; Großpackungen und Mehrwegverpackungen nutzen
4. a) Duales System
   b) Blauer Engel
5.

a) Stofftasche oder Korb
b) Brotdose
c) Recyclingpapier
d) Gläser, Porzellanteller, Besteck aus Stahl

Station 5: Was passiert mit unserem Müll?

Seite 52

1.

Restmüll	Sperrmüll	Altpapier	Gelbe Tonne/ Gelber Sack	Bio-/Grün- abfall	Schadstoff- sammlung
Glasscher- ben	Schrank	Zigaretten- schachteln	Kunststoffbecher	Papierta- schentücher	Haushalts- chemikalien
Gummireste	Sofa	Zeitschriften	Konservendosen	Pflanzen- reste	Holzschutz- mittel
Glühbirnen	Stuhl	Zeitungsbei- lagen	Kunststofffla- schen	Papierservi- etten	Haushalts- reiniger

2.

a) Recycling ist die Wiederverwertung von Abfällen, aus denen neue Produkte hergestellt werden. So können Rohstoffe eingespart und Müllberge reduziert werden.
b) Kunststoff, Glas, Papier
c) keine gesundheitlichen Beeinträchtigungen für den Menschen; keine Gefahr für Tiere und Pflanzen; keine Verunreinigung von Boden und Gewässern; Vermeidung von Luftverschmutzung und Lärm
d) Müllverbrennung

3. In Deutschland kann mehr Müll verbrannt werden als anfällt. Um alle Müllverbrennungsanlagen wirtschaftlich auszulasten, müssten jährlich Millionen von Tonnen verbrannt werden. Daher wird der Brennstoff aus dem Ausland eingekauft.

1. Die Hoffnung und Erwartungen der Atomkraftgegner sind aufgrund der Laufzeitverlängerung nicht erfüllt worden.

2. Die drohende Atomkatastrophe in Fukushima, eine Explosion im Reaktorgebäude, verursacht am 11.03.2011 durch ein schlimmes Erdbeben und einen heftigen Tsunami, verschärfte die Atomdebatte in Deutschland. Die im Oktober 2010 beschlossene Laufzeitverlängerung der deutschen Atomkraftwerke wurde von der Bundesregierung für drei Monate ausgesetzt, um Sicherheitstests durchzuführen. Der Aufschub wird Moratorium genannt. Die sieben ältesten Atomkraftwerke wurden vorübergehend abgeschaltet. Nach den Tests wurde beschlossen, diese nicht wieder in Betrieb zu nehmen. Die von der SPD regierten Bundesländer und die Oppositionsparteien im Bundestag (SPD, Bündnis 90/Die Grünen, Die Linke) reichten bereits im Februar 2011 Klage beim Bundesverfassungsgericht ein. Sie sehen das Grundrecht auf Leben und körperliche Unversehrtheit der Bürger durch den Weiterbetrieb der Atomkraftwerke massiv gefährdet.

3. **Kernschmelze:**
Aufgrund von Problemen in Bezug auf das Kühlsystem besteht die Gefahr, dass die Brennstäbe im Reaktor überhitzen. Es droht eine Kernschmelze, bei der sich die radioaktiven Brennstäbe verflüssigen. Gleichfalls schmilzt der Stahl, der die Brennstäbe umgibt. Dieses bis zu 2000 °C heiße Gemisch würde auf den Reaktorboden gelangen und sich durch den Betonboden fressen und folglich die Erde und das Grundwasser verseuchen.

   Radioaktivität:
In Japan wächst die Gefahr durch radioaktiv belastetes Trinkwasser und verstrahlte Lebensmittel. Mit zunehmender Dosis steigt das gesundheitliche Risiko an. Radioaktive Strahlen zerstören Zellbausteine und bringen Körperzellen zum Absterben. Es besteht ein hohes Risiko, an Krebs zu erkranken. Je nach Strahlendosis kommt es auch zu vielen raschen Todesfällen.

4. Nach Ansicht der Politiker der Oppositionsparteien profitieren die vier großen Energieversorger RWE, E.ON, EnBW und Vattenfall von der Laufzeitverlängerung.

5. Pro = fett, Kontra = gewöhnlich

Ein Atomkraftwerk garantiert den Gewinn von riesigen Mengen an elektrischer und thermischer Energie.	Sicherheitsmängel. Menschliches und technisches Versagen können Katastrophen zur Folge haben.
Gefahr eines Terrorangriffs. Die Betonwände eines Atomkraftwerks bieten keinen ausreichenden Schutz.	**Mit einer weiteren Steigerung der Kernkraft werden wertvolle Bodenschätze geschützt.**
Das Abschalten von Atomkraftwerken führt zu einem massiven Verlust von Arbeitsplätzen.	Die Entsorgung des Atommülls ist hoch problematisch. Zwischenlager verzögern die eigentliche Entsorgung.
Im Gegensatz zu der Verbrennung fossiler Bodenschätze ist Atomkraft sauber und kein CO_2-Killer.	Erneuerbare Energien sind unerschöpflich (z. B. Solarenergie); Erzvorkommen mit Urangehalt nicht.

6. **Pro:**
- Produktion von Atomstrom ist günstiger als die Stromproduktion mit Kohle und Gas.
- Deutsche Kernkraftwerke sind wahrscheinlich weltweit am sichersten.

Kontra:
- Die Laufzeitverlängerung der Atomkraftwerke bremst den Ausbau erneuerbarer Energien.
- Die Stromversorgung ist in Deutschland auch ohne Kernenergie gesichert.

Station 8: Energiesparen im Haushalt

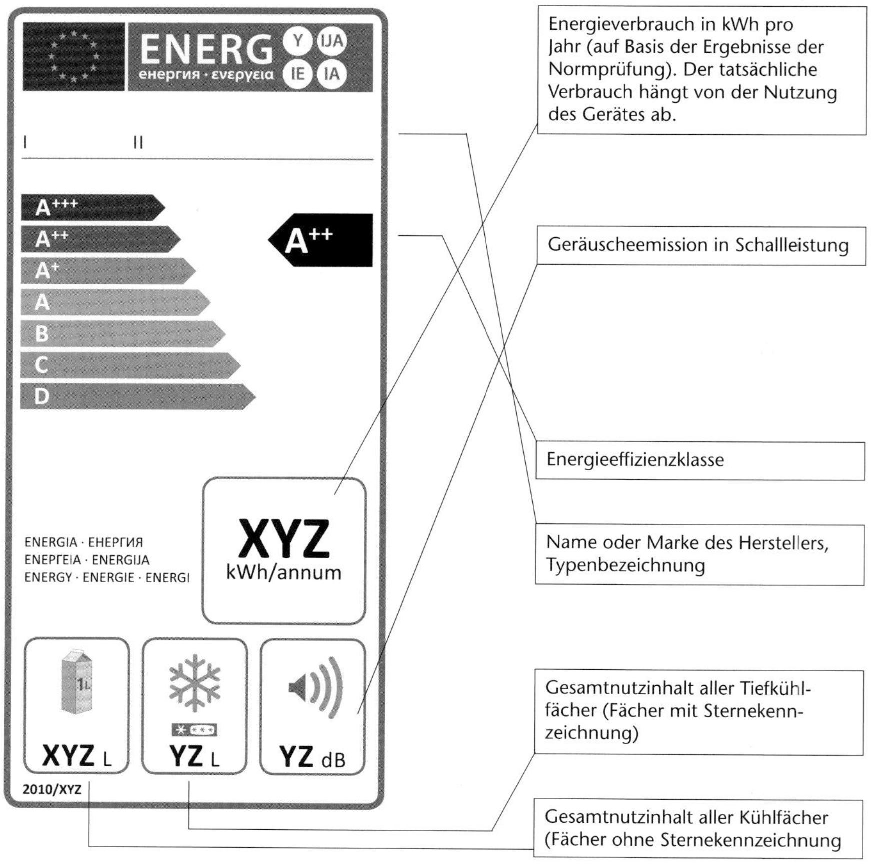

Station 1: Politik – nicht mitmachen, gilt nicht!

2.

a) Für die Demokratie gilt es zu kämpfen, weil sie kein unveränderlicher Besitz ist. Sie muss stets gesichert und gestaltet werden, da sie auch gestürzt werden könnte. Die Menschenrechte dürfen nicht als Selbstverständlichkeit angesehen werden, auf der man sich ausruhen könne. Eine politische Teilhabe in Form von Wahlen ist zwingend notwendig.

b) „(…) die Achtung der Menschenrechte, die Meinungsfreiheit und auch das Recht auf freie, geheime und gleiche Wahlen (…)"

c) Junge Menschen haben die Schreckensherrschaft der Nationalsozialisten nicht unmittelbar erlebt. In der Zeit zwischen 1933 und 1945 gab es kein freies und demokratisches Deutschland – kein Land, in dem die Menschenrechte geachtet wurden.

d) Rechtsextreme Wählerinitiative: Bürgerbewegung pro Köln e.V.
Linksextremistische Gruppen: MLPD, Linksruck, Die Rote Hilfe

e) Beitritt zu einer Partei, Mitglied einer Bürgerbewegung oder einer Interessengruppe werden, Unterschriftensammlungen, genehmigte Demonstrationen, Mitbestimmungsgremien in Betrieb, Schule und Ausbildungsstätte, Diskussionen bei öffentlichen Veranstaltungen, Mails an Politiker und das Schreiben von Leserbriefen, Jugendgemeinderäte

Station 2: Über 60 Jahre deutsche Verfassung — Seite 58

1. Grundgesetz

2. In der Verfassung der Bundesrepublik Deutschland, die am 23. Mai **1949** in Kraft trat, werden zunächst die Menschenrechte, auch „Die **Grundrechte**" genannt, aufgeführt. Diese lassen sich einteilen in Unverletzlichkeitsrechte, **Freiheits**rechte und Gleichheitsrechte (Artikel 1 bis **19 GG**).

3. 1) Artikel 2; 2) Artikel 10; 3) Artikel 5; 4) Artikel 5, 160a; 5) Artikel 1; 6) Artikel 7

Station 3: Der Bund und die Länder — Seite 59

Lösungswort:	F	Ö	D	E	R	A	L	I	S	M	U	S
	1	2	3	4	5	6	7	8	9	10	11	12

Station 4: Politische Parteien in Deutschland — Seite 60

1.
1. Parteien wirken bei der politischen Willensbildung des Volkes mit.
2. Parteien dienen als Mittler zwischen Staat und Volk.
3. Parteien beeinflussen die Regierungsbildung.
4. Parteien bringen politische Zielvorstellungen ein.

2. Die Parteien müssen in sich demokratisch aufgebaut sein, das heißt, es müssen für alle Parteiämter Wahlen stattfinden.

3. siehe http://www.parteiprogramme.unklarheiten.de/de/startseite

4. Rechtsextreme Parteien: NPD, DVU, (Die Republikaner wurden zeitweise so eingestuft, aktuell aber nicht)
Linksextremistische Parteien: DKP (Die Linke wurde zeitweise so eingestuft, aktuell aber nicht)

Station 5: Die Wahlgrundsätze in Deutschland — Seite 61

1. Artikel 38

2.

	1	2	3	4	5
Lösung:	B	R	A	V	O

3. Fall 1: Wahlgrundsatz: gleich
Fall 2: Wahlgrundsatz: frei
Fall 3: Wahlgrundsatz: geheim
Fall 4: Wahlgrundsatz: allgemein
Fall 5: Wahlgrundsatz: gleich

Station 6: Bundestag und Bundesrat

Seite 62

1. Wahl des Bundeskanzlers, Wahl des Bundestagspräsidenten, Beschluss des Bundeshaushalts (Finanzen), Öffentlichkeitsfunktion, Gesetzgebungsfunktion, Kontrolle der Regierung, Mandatserweiterung und -verlängerung von Bundeswehreinsätzen im Ausland

2.

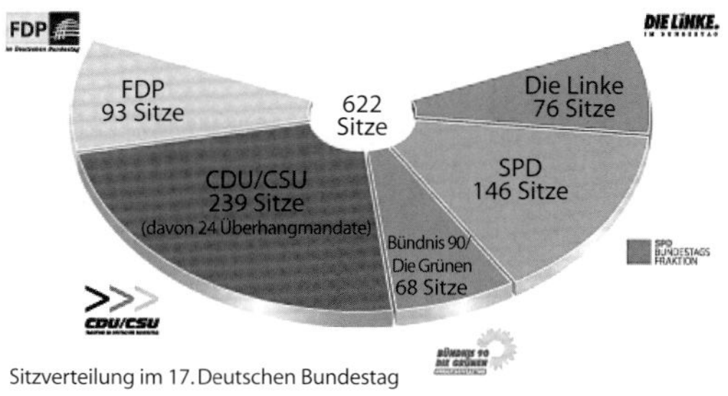

Sitzverteilung im 17. Deutschen Bundestag

3.

Der Bundesrat ist die **Vertretung** der **Bundesländer**. Er setzt sich aus Mitgliedern der **16** Landesregierungen zusammen. Diese entsenden, abhängig von der **Einwohnerzahl** des Bundeslandes, mindestes drei und höchstens **vier** Vertreter. An der Gesetzgebung des **Bundes** ist der Bundesrat beteiligt. Zustimmungspflichtige **Gesetze** kann er verzögern, jedoch auch scheitern lassen. Dann versucht der Vermittlungsausschuss, einen Kompromiss zwischen Bundesrat und **Bundestag** zu finden. Die Präsidentschaft wechselt im Jahresrhythmus.

Station 7: Bundesregierung und Opposition

Seite 63/64

1. Keine Partei verfügte über die absolute Mehrheit der Stimmen bzw. Sitze im Parlament.
2. Regierungsbündnis von zwei oder mehreren Parteien, das zusammen über die Mehrheit der Sitze im Parlament verfügt.
3. Bündnis derjenigen (beiden) Parteien, die im Parlament am stärksten vertreten sind (in der Regel CDU und SPD).
4. CDU/CSU + SPD,
   CDU/CSU + Die Linke;
   SPD/Bündnis 90-Die Grünen/FDP/Die Linke
5.

Die Bundesregierung setzt sich aus dem Bundeskanzler und den **Bundesministern** zusammen. Der Bundeskanzler wird auf Vorschlag des Bundespräsidenten vom **Bundestag** gewählt. Er ist der Chef der Regierung und bestimmt die Richtlinien der **Politik**. Die Bundesminister werden nicht vom Parlament gewählt. Das **Regierungsteam** stellt der Bundeskanzler selbst zusammen. Die Vereidigung der **Minister** nimmt der Bundespräsident vor. Die Regierungsmitglieder (das **Kabinett**) treffen sich regelmäßig, um wichtige **Themen** zu besprechen.

6. siehe: http://www.bundesregierung.de/Webs/Breg/DE/Bundesregierung/Bundesministerien/bundesministerien.html

Stand: Mai 2011

Auswärtiges Amt	Guido Westerwelle
Bundesministerium des Innern	Hans-Peter Friedrich
Bundesministerium der Justiz	Sabine Leutheusser-Schnarrenberger

Bundesministerium der Finanzen	Wolfgang Schäuble
Bundesministerium für Wirtschaft und Technologie	Philipp Rösler
Bundesministerium für Arbeit und Soziales	Ursula von der Leyen
Bundesministerium für Ernährung, Landwirtschaft und Verbraucherschutz	Ilse Aigner
Bundesministerium der Verteidigung	Thomas de Maiziére
Bundesministerium für Familie, Senioren, Frauen und Jugend	Kristina Schröder
Bundesministerium für Gesundheit	Daniel Bahr
Bundesministerium für Verkehr, Bau und Stadtentwicklung	Peter Ramsauer
Bundesministerium für Umwelt, Naturschutz und Reaktorsicherheit	Norbert Röttgen
Bundesministerium für Bildung und Forschung	Annette Schavan
Bundesministerium für wirtschaftliche Zusammenarbeit und Entwicklung	Dirk Niebel

7. **Kanzlerprinzip:** Der Bundeskanzler bestimmt die Richtlinien der Politik und trägt dafür die Verantwortung.

   Ressortprinzip: Innerhalb der Richtlinien leitet jeder Minister sein Ministerium selbstständig und in Eigenverantwortung.

   Kollegialprinzip: Vom Kabinett werden alle wichtigen Entscheidungen kollegial gefällt. Für den Fall, dass es Meinungsverschiedenheiten zwischen den Bundesministern gibt, entscheidet das Kabinett durch Mehrheitsbeschluss.

8. an der Regierung beteiligte Parteien – Mehrheit – Regierungslager
   nicht an der Regierung beteiligte Parteien – Minderheit – Opposition

9.

Regierung	**Opposition**	**beide**
Macht	Kontrolle	streiten
Durchsetzungskraft	entgegenstellen	Wichtigkeit
lenken	kritisieren	
Rechtfertigung	Gegenvorschläge	
	„bessere Regierung“	

10. siehe: www.hanisauland.de

11. a) links: Gerhard Schröder, Bundeskanzler von 1998 bis 2005 (SPD)
    rechts: Sigmar Gabriel, Bundestagsabgeordneter, Parteivorsitzender der SPD
    b) Beteiligung an der Regierung, Bundeskanzler stellen

Station 8: Die Träger hoher Staatsämter

Seite 65

1. I) **Bundespräsident** (Staatsoberhaupt)
   II) **Bundestagspräsident** (Präsident des Parlaments, gleichzeitig Präsident der Bundesversammlung, die den Bundespräsidenten wählt)
   III) **Bundeskanzler** (Chef der Bundesregierung)
   IV) **Bundesratspräsident** (Vorsitzender des Bundesrats)
   V) **Präsident** des Bundesverfassungsgerichts (Oberster Richter)

2.

a) Der Bundespräsident wird von der Bundesversammlung für fünf Jahre gewählt und kann höchstens **einmal** wieder gewählt werden. Wählbar ist jeder Deutsche, der mindestens **vierzig** Jahre alt ist.

b) Der Bundes**kanzler** wird auf Vorschlag des Bundespräsidenten vom Bundestag gewählt. Er hat die größte politische Macht.

c) Die **Richtlinien** der Politik bestimmt der Bundeskanzler und übernimmt dafür die Verantwortung (Richtlinienkompetenz).

d) Der Bundestagspräsident repräsentiert den Deutschen **Bundestag** nach außen. Er leitet mit seinen Stellvertretern die Sitzungen des Parlaments.

e) Der Bundesratspräsident ist der jeweilige Chef der Landesregierung, die den **Vorsitz** im Bundesrat hat. Die Amtszeit beträgt ein Jahr (1. Nov. bis 31. Okt.).

f) Der Präsident des Bundesverfassungsgerichts ist der Chef des ranghöchsten Gerichts in Deutschland. Er wacht über die **Einhaltung** des Grundgesetzes.

Quellenverzeichnis

Der Sucht keine Chance geben

Station 3: Diagramm Raucherquote © Bundeszentrale für gesundheitliche Aufklärung unter: www.rauchfrei-info.de

Station 8: Bild 1: Karikaturenwettbewerb des Studienkreises zum Thema Sucht, Caroline Strohbach, 17 Jahre, 1. Preisträger Altersklasse 15–22 Jahre. Bild 2: Karikaturenwettbewerb des Studienkreises zum Thema Sucht, Malte Puck, 19 Jahre, 1. Preisträger Altersklasse 15–22 Jahre. Bild 3: Karikaturenwettbewerb des Studienkreises zum Thema Sucht, Michael Holtschulte, 19 Jahre, 1. Preisträger Altersklasse 15–22 Jahre. Bild 4: Karikaturenwettbewerb des Studienkreises zum Thema Sucht, Anh Tuan Van, 13 Jahre, 1. Preisträger Altersklasse 11–14 Jahre

Gemeinsam leben und arbeiten

Station 3: Diagramm Immer weniger Kinder in Deutschland © Bundesministerium für Arbeit und Soziales unter: www.bmas.de

Station 7: Diagramm Sitzverteilung im 17. Deutschen Bundestag © Deutscher Bundestag unter: www.bundestag.de;
Karikatur © Burkhard Mohr